from

vision

from 134

時空行者 史蒂芬・霍金
從漸凍人到當代最偉大物理學家，他的工作、生活、愛情、友情，
與思考演進的側寫

Stephen Hawking : A Memoir of Friendship and Physics

作者：雷納・曼羅迪諾（Leonard Mlodinow）
譯者：蔡坤憲
責任編輯：吳瑞淑
美術編輯：林育鋒
校對：呂佳真
排版：林婕瀅
出版者：大塊文化出版股份有限公司
台北市 10550 南京東路四段 25 號 11 樓
www.locuspublishing.com
電子信箱：locus@locuspublishing.com
讀者服務專線：0800-006689
TEL：(02) 87123898　　FAX：(02) 87123897
郵撥帳號：18955675　　戶名：大塊文化出版股份有限公司
法律顧問：董安丹律師、顧慕堯律師

總經銷：大和書報圖書股份有限公司
地址：新北市新莊區五工五路 2 號
TEL：(02) 89902588 (代表號)　　FAX：(02) 22901658

初版一刷：2020 年 10 月
定價：新台幣 420 元
Printed in Taiwan

Stephen Hawking
A Memoir of Friendship and Physics

時空行者　史蒂芬・霍金
從漸凍人到當代最偉大物理學家，
他的工作、生活、愛情、友情，
與思考演進的側寫

Leonard Mlodinow　著
蔡坤憲　譯

謹以此書紀念史蒂芬・霍金

1942-2018

目　次

前言

與霍金合作的開始
18
黑洞與初期宇宙的探索
20
我從霍金身上學到的東西
23

第一章
初訪劍橋：史蒂芬．霍金的那個系

一手牌再爛也不會輸
33
為《大設計》創造大設計
40

第二章
重新定義苦難

重點是什麼
50
是小烏雲抑或大冰山
53

冒險遊康河
58
當死亡隨時都會降臨
64

第三章
關係的開展、連結與羈絆

改變命運的那班火車
75
選對指導教授很重要
79
一生的摯友羅伯特
85

第四章
宇宙如何開始？我們為何存在？

質疑固有的假設及信仰
97
從跟別人不同的方向出發
104

第五章
超越時空的想像力

每分鐘六個字的等待遊戲
113
在《大設計》中討論哲學問題
117
什麼是真實？
121
哲學為什麼死了？
128
揉合理論矛盾
131

第六章
走過死亡恐懼，迎接黑洞新世界

改變思考黑洞的方式
143
發現黑洞力學定律
150
連酒保也能聊黑洞
155

第七章
霍金的「圖像語言」有大用

所有黑洞都會放出幅射
164
物理學家可以是一群殘忍的人
168
證實存在霍金幅射
173
造訪加州理工的軼事
177

第八章
無法改變的「霍金時間」

一個包括所有人的「大家庭」
196
霍金的自我評價
200
無邊界提案的誕生
201
宇宙沒有開始也沒有結束
206
如果你覺得無聊，我們就不要寫了
210

第九章
催生大暢銷書《時間簡史》的歷程及其他

宇宙是否需要一位造物主？
221
與伊蓮的婚姻觸礁了
229
用《時間簡史》蓋出一棟房子
231
在親密關係中被吞沒
234
我們的預付版稅應該加倍
240

第十章
普及科學、行銷物理學

傳遞霍金的口信
252
走向多元宇宙觀
256
在歷史上留下一筆重彩
259
承認黑洞資訊會遺失是錯的
265

第十一章
為自上而下的宇宙論奮戰到最後

也許我和霍金都是草包
281
衝刺截稿期限
288
曾經的親密終歸平淡
293

後記
與戴安娜的親密關係
299
霍金的最愛
300
期待再相見
301
信念是最佳的武器
303

資料出處
307

致謝
309

前言

在劍橋市中心，擁有五百年悠久歷史的大聖馬利亞堂（Great St. Mary's church）裡，我與霍金[1]做了最後的道別。二〇一八年的三月，我坐在走道旁，就在他經過我的身旁，近在咫尺的那最後一瞬間，彷彿有種和他再次重逢的感覺，儘管有棺木把他和我們這些哀悼的人隔開，然而，也是這個棺木，在七十六年後的今天，終於可以保護他免於人世間的種種危難與挑戰。

1 編譯注：本書在人名的翻譯上，對於史蒂芬．霍金本人，在敘述中以臺灣日常用法逕稱霍金。他的親友、看護人員，或是作者的小孩、經紀人等等，以名字相稱，至於科學家或出版社的編輯、老闆，則採用姓氏音譯。部分段落因應前後文脈及對話，混用姓和名相稱。

霍金相信，死亡是一切的終點。身為人類的我們，創造建築，發明理論以及繁衍後代。雖然時間的長河會載著它們繼續前進，但我們終會有跟不上而被遺留下來的一天。這也曾是我的信仰，然而，在棺木通過我身旁的那一瞬間，我似乎感覺到，在這個木頭盒子裡，他仍然跟我們在一起。這是一種恐怖而奇異的感覺。我的理性告訴我，霍金所存在的短暫瞬間已經過去了，就像我自己的短暫存在，也會在幾年之後就結束。物理學教會我的，終有一天，不僅僅是所有我們珍視的東西，更包括我們能意識與感知到的所有事物，都將消失殆盡。我知道，所有的時間，包括我們的地球、我們的太陽，甚至連我們的銀河系，都只是借來的，當時間用完時，所有的一切盡歸塵土。然而，我還是默默地向霍金獻上，我對永恆未來的愛與美好祝願。

我低頭看著在霍金生平傳略封面上那張知足的臉。我回想起他的堅強，也想起他在讚賞人時的燦爛笑容，以及在反對你時的可怕鬼臉。我也回想起那段我們沉浸在同一件熱中事物的愉快時光。當我們在討論一些美好的想法時，或是我從他那裡學到什麼新東西的寶貴時刻——當然還有我試著說服他某個想法，而他卻紋風不動的挫折時刻，也都一一浮上心頭。

若要論及在物理學世界裡攪動風雲的能力，以及書寫表達物理的能力，霍金的成就都是世界知名的，特別是這些都是透過他那副殘破身軀做到的。然而，對一個癱瘓而無法自由行動，特別還是一個無法言語的人來說，想要維持長時期的友誼，發展出深厚的關係，以及找到愛情，都是極具挑戰性的。霍金知道，是人與人之間的連結，是愛，而不僅僅是他的物理，在滋養著他。也是因為這些，讓他贏得了超乎預期的成就。

某些悼詞隱喻地諷刺了生前不信上帝的霍金，死後卻在教堂裡舉行葬禮。但對我而言，這完全沒有矛盾。儘管在智性上，霍金堅信科學法則統領了所有的自然現象，但他本身卻是一個深具靈性的人。他相信人類的精神。他認為，在情感與道德的本質上，所有的人類都具有一些異於其他動物的特質，這也是人之所以為人的理由。他認為靈魂不是一種超自然的存在，而是大腦的產物，這樣的信仰絲毫無損於他的靈性。為什麼這麼說呢？對霍金而言，這樣一個動彈不得又無法言語的人來說，他的精神不就是他所擁有的全部嗎？

霍金總是把「固執是我最好的美德」掛在嘴邊，這點我無法反駁。固執讓他可以去追求一些眾人只會翻白眼，難以置信，而且似乎是看不到結果的想法。也是固執，讓他禁錮在這個寸步難移身軀中的靈魂，可以盡情的舞蹈。霍金的生命，完全違背了當初醫生的預測。然而，在二〇一八年的三月十四日，霍金這顆恆星，終於還是燃燒殆盡了。現在，我們所有的人，包括家人、朋友、護理人員[2]以及同事，大家齊聚一堂，與他道別。儘管他較我年長十三歲，本應於數十年前就過世，即使在他成年後，疾病纏身，並數次經歷可能致命的肺部感染。但在我心裡總是覺得，他應該會活得比我久。

與霍金合作的開始

我與霍金認識，是從他在二〇〇三年聯絡我之後開始的。他問我是否願意和他一起寫作。他讀過我的兩本書：關於曲度空間的《歐幾里得之窗》（*Euclid's Window*），以及《費曼的彩虹》（*Feynman's Rainbow*），關於我與一位傳奇物理學家之間的故事。他說他喜歡我的寫作風格，也喜歡我是一位可以了解他的研究工作的物理學家。我感到受寵若驚。在隨後的幾年裡，我們一起寫了兩本書，也成了好朋友。

我們合寫的第一本書是《新時間簡史》（*A Briefer History of Time*）。這本書不是原創作品，而是改寫自霍金的著名作品《時間簡史》（*A Brief History of Time*）。他的原意是希望把《時間簡史》變得更親切易懂些。然而，加州理工學院的理論物理學家索恩（Kip Thorne），也是霍金的一位好朋友，他曾對我說：你知道的物理愈多，你對《時間簡史》的了解就愈少。霍金的說法稍稍有點不同：「大家都買了這本書，但真的有去讀的人並不多。」

《新時間簡史》於二〇〇五年出版。我當時正在加州理工學院服務。定居在英格蘭的霍金，每年都會來加州理工學院研究訪問，每次停留二到四週。他的到訪，以及我們之間的電子郵件通訊，已經足夠讓我們寫完《新時間簡史》。至於他的其他著作，例如《胡桃裡的宇宙》（*The Universe in a Nutshell*），多是基於他在一九七〇與八〇年代的研究工作。因此，在《新時間簡史》出版之後，我們決定開始《大設計》（*The Grand Design*）的寫作計畫，這是一本關於他最新研究內容的書，介紹他從未在科普領域裡發表過的新理論，而且我們也計畫要涵蓋一些相當複雜的議題。例如平行宇宙（parallel universe），宇宙可以從一種空無（nothingness）狀態中誕生的概念，以及自然法則似乎是經過微調而使生命得以出現的事實等等。顯然，這是另一個層級的遊戲了！我們必須要有更多面對面的時間才可以。因此，我開始從加州「通勤」到劍橋與霍金一起工作。我一直通勤到二〇一〇年，直到我們終於把書寫完。

2 霍金稱呼照顧他的護理人員為「carers」。他們大部分都不是專業護士。

黑洞與初期宇宙的探索

霍金的生涯大部分都花在接替愛因斯坦遺留下來的工作。一九〇五年時，愛因斯坦發明我們如今稱作「狹義相對論」的理論。當年，他只有二十五歲，物理研究只是他在專利分析員工作之外的興趣而已。相對論揭露出許多自然界裡詭異的祕密：時間與空間的測量是相對的，取決於觀察者；物質是能量的一種形式；沒有任何物體的速度可以超過光速。然而，這裡有個問題：狹義相對論並沒有直接討論到重力，它對速度的限制，明顯地違反牛頓的理論。牛頓認為重力的傳播是瞬間的，也就是說，重力傳播的速度是無限大的。

愛因斯坦對於這個矛盾感到很困擾。相對論需要修改嗎？還是應該放棄牛頓的重力理論？事實證明，這兩者都是必需的。愛因斯坦在這問題上花了十年的時間，他辭去專利局的工作，輾轉在伯恩（Bern，義大利）、蘇黎世、布拉格與柏林等地的學術機構任職。終於，在一九一五年，愛因斯坦完成了他的新理論：廣義相對論。他大規模地改寫了狹義相對論，明確地考慮了重力的效應，延伸了狹義相對論的適用範圍。

廣義相對論異於牛頓理論的眾多內容之一是糾正了牛頓的萬有引力定律，即重力是瞬間傳遞的：根據廣義相對論，引力與光波類似，都是以波動的方式在空間中傳播，並且是以光速行進，因此遵守相對論的速度限制。諷刺的是，儘管得出一個令人滿意、而且能完整描述出重力波的傳播方式，是愛因斯坦最初在發展廣義相對論時的一個重要驅力，重力波卻是廣義相對論中最後一個獲得實驗證實的理論。由於在驗證這個理論上做出了「決定性的貢獻」，索恩獲頒二〇一七年的諾貝爾物理學獎。

牛頓以一個想像的力來解釋行星在軌道上運行，以及物體掉落的原因，他稱之為重力。物體之間存在著重力，彼此互相吸引，使得運動的軌跡偏離原本的「自然運動」；牛頓宣稱直線是物體運動的自然狀態。愛因斯坦向我們展示，這只是一個近似的圖像。如果我們以不同的方式來描述重力的現象，還有一個更為深層的真理存在。

根據愛因斯坦所言，物質與能量之間的相互吸引並不是憑藉力的作用。相反地，它們會引起空間彎曲，而這個空間的曲率會反過來決定物質該如何移動，以及能量該如何傳播。物質作用在時空曲面上，同時，時空曲面也作用在物質上。正是這個反饋迴圈，讓廣義相對論的數學變得相當困難。為了要發展這套理論，愛因斯坦必須學習並掌握一套當時還相當晦澀、專門討論彎曲空間的數學領域，稱為非歐幾里得幾何學（non-Euclidean geometry）。在艱苦奮鬥的十年歲月裡，愛因斯坦必須一再地嘗試錯誤，不斷地猜測理論可能出現的形式，計算每一個可能理論所導出來的結果，並批判它自己的想法，藉此打造完美的廣義相對論。

在一般情況下，牛頓的理論提供一個很好的近似解，這也是為什麼數百年來，沒有人注意到它的缺點。但是在高速度，或是物質與能量在高度集中的情況下，也就是在重力極大的情況下，牛頓的理論便失效了。

今日，狹義相對論已廣泛應用於物理的許多領域。然而，理解廣義相對論所需要的情境，仍然相當有限。其中兩個最重要的現象就是黑洞與宇宙的起源。數十年來，這兩個現象對於實驗來說，似乎顯得遙不可及。一般認為，早期的宇宙因距離我們過於久遠，很難研究出什麼有意義的成果；至於黑洞，則是由愛因斯坦自己把它否定掉，認為黑洞只是一個數學上的奇異點，而非自然界中真實存在的物理現象。結果，在愛因斯坦一九一五年發表廣義相對論之後的半個世紀，這些想法大都被忽視，而廣義相對論也就像科學界裡一攤安靜的死水，死氣沉沉。

其他物理學家的想法，並沒有讓霍金卻步。事實上，他的第一本書，就是與人合著的大部頭巨著《時空的大尺度結構》（*The Large Scale Structure of Space-Time*），在書中，他花了很多篇幅討論彎曲的空間，以及描述這個空間所需的數學方法。我在大學時就讀過這本書的一大部分，也覺得很有趣，這真是一本引人入勝的書，讓人忍不住想翻到下一頁，不過，前提是你得翻得很慢——理解消化一頁的內容可能得花上你一個小時，甚至是更長的時間。

黑洞與初期宇宙是讓霍金著迷的兩個主題，這兩個系統的物理學也成了他主要的研究領域。他早期的工作產生了很大的影響力，為喚醒沉睡已久的廣義相對論，指引了方向。再者，相對論與量子論之間一直有著難以相容的隔閡，霍金稍後在這個問題上的一些發現，催生了一門新的領域，我們現在稱為量子重力論。

霍金一生致力於探索這些觀念與現象。他向世人展示它們的相關性，他從未停止從中再發掘出新的發現。當他決定要寫《大設計》時，他已經在這些問題上，思考並努力奮鬥了四十年的時間。對於他剛踏入研究生涯時的那些最為棘手的問題，例如宇宙是怎麼開始的？為什麼只有一個宇宙存在？以及為什麼物理定律會是它們現在的這個模樣？霍金覺得他終於弄懂了這些難題，而我們一起撰寫《大設計》的目的，就是為了要解釋他的這些答案。

我從霍金身上學到的東西

當你與某人一起合作一個你很感興趣的專案時，你們的心智是相連的。如果幸運的話，會連心意都是相通的。在合作的過程中，我們成了朋友。從單純智性上的夥伴關係，逐漸發展成一個在人性底層相通的連結。這份連結讓我感到訝異，但其實這很自然，因為霍金不僅在尋找宇宙的奧祕，他也在尋找可以跟他分享這些奧祕的人。

童年時期，霍金曾遭到其他小男孩的霸凌。曾有位高中同學羞辱他：「他個子小，看起來像隻猴子一樣。」成年之後，他被囚禁在一個失去功能的軀殼裡。然而，他以幽默來對抗霸凌，以堅強的內心來對抗癱瘓的身體。每一位熟識霍金的人，都會受他堅強的個人特質或是科學觀所影響。在接下來的篇幅裡，我分享我與霍金一起合作的工作經驗，以及結識他這麼一位朋友的過程。我希望讓大家理解，是什麼讓霍金成為一位特別的物理學家，以及特別的人。什麼是他真實的模樣？他如何面對他的疾病？而他的殘疾又如何影響他的思考？他對於生活與科學的態度有何不同？有哪些東西啟發了他？他這些原創的想法又是從何而來？什麼是他主要的科學成就？這些成就又與整體的物理知識有何關聯？理論物理學家真正的工作內容是什麼？他們都是如何工作？以及，他們為什麼做這些工作？所有這些問題，甚至包括我原本就有的一些想法，在與霍金共事的這段時間，我都有了新的觀點。在我回憶我們相處的時光，細數他生命中的一些亮點時，我的目標，是希望與大家分享我所學到的東西。

第一章

初訪劍橋：史蒂芬·霍金的那個系

我不是個手腳笨拙的呆頭鵝，但在我於二〇〇六年第一次到達劍橋時，我的確有點手足無措。那年夏天，霍金六十四歲，雖然，他生命中的許多場景，在細節上與那部關於他的好萊塢電影有些出入。但是關於劍橋的細節，卻非常接近我看的另一部電影：《哈利波特》。劍橋就像是霍格華茲魔法學院（Hogwarts）。或許外圍的市郊，魅力比較小，歷史感也較少，但其實我探險的區域不大，很少遠離牛頓所熟悉的「老劍橋」：一個四處充滿了石砌的街道與建築的地方。這裡是大學主校區的所在地，也夾雜了一些中世紀的教堂與墓地。幾片世紀前就建好的高牆，用來保護學生免受鎮上居民的打擾，市區步道狹窄，還有一些狹小的磚砌巷弄，整體就像煮熟的義大利軟麵條，雜亂無章。

這個沒有整體計畫，毫無規則的城市布局，其實不難理解，因為這所大學成立的時間，比笛卡兒（René Descartes）發明簡潔的直角座標系還要早了八百年。然而，這個「老」字，只是一個相對的說法：因為早在史前時代，就有人住在劍橋這裡了。今天，劍橋大學是由三十一所半自治的學院所組成，整個都市有超過十萬名居民。

若說劍橋看起來像是霍格華茲魔法學院，但其實二者還是有本質上的不同。在這裡所發生的是「真實的魔法」。這裡有座庭院，牛頓曾在裡面跺腳，並測量聽到回音的時間；有一間實驗室，是由解開電與磁之間謎題的馬克士威（James Clerk Maxwell）所建立，湯姆森（J. J. Thomson）在裡面發現到電子；有家酒吧，是華生（Watson）與克里克（Crick）常去喝啤酒、討論基因學的地方；有棟建築，是敲開原子神祕結構的拉塞福（Ernest Rutherford），曾經小心翼翼地做實驗的地方。

在劍橋，他們的確有值得驕傲的科學傳統，對於牛津這所較為人文取向的大學，則是他們口中的「另一所學校」。霍金所屬的學系系主任，與霍金一樣，都是牛津的大學部畢業生，他對我回憶道：他們在牛津時，教授所給的作業是以科學議題來寫論說文（essay），而不像一般的求解習題。他來到劍橋之後，也曾給學生出過論說文的作業，但卻沒有半個人繳交作業。這群學生都是那種最典型的理工科學生，如果他們命中注定要得諾貝爾獎的話，也絕對不會是文學獎。

在我的訪問期間，霍金把我安排住進他所隸屬的岡維爾與凱斯學院（Gonville and Caius College）[3]，凱斯學院成立於十四世紀，是劍橋大學最傳統的學院之一。在我到訪的第一天，我決定從那裡走到霍金的辦公室。雖然我只花了二十分鐘，但是走在大太陽底下，再加上潮濕悶熱的氣候，還真叫人不習慣。霍金非常喜歡加州理工學院位於南加州的

3 Caius 發音為 keys。

冬天，因為在那裡，他的肺部比較不容易受感染。另外，他恨透了冰冷的劍橋冬天。而現在，我也了解到，劍橋的夏天也不怎麼討人喜歡。英國人之所以會一天到晚抱怨他們的天氣，看來不是沒有理由。

待我終於走到數學科學中心（Centre for Mathematical Science，縮寫為CMS）時，我已經準備好要待在室內了。霍金的辦公室就在這裡面，但是卻不知道在哪裡。數學科學中心由七座分館組成，以拋物線形狀排列。分館由磚頭、金屬與石頭所建成，有很多大型的窗戶，以及一種充滿未來感、看似日本寺廟的風格。我喜歡這些窗戶，而那裡有好多這種窗戶。這個中心的建築得過很多設計獎，但是，我最希望看到的設計是能有個箭頭，上面標示著「史蒂芬·霍金，由此進」。

霍金所在分館緊鄰牛頓研究所（Isaac Newton Institute），這是一棟稍舊的建築。當你認識霍金之後，牛頓的名字就會常常出現。人們甚至拿他與牛頓相提並論，諷刺的是，霍金其實並不喜歡牛頓。在他掌權的那些年裡，牛頓常因為一些瑣事而和許多人起過爭執，由於他的小心眼，所以使了很多陰謀詭計來報復。他完全不會與人分享自己的發現，甚至不會歸功給任何對他想法有正面影響的人。他也是一個完全沒有幽默感的人。牛頓有一位助理也是他的親戚，據他說，在他擔任助理的那五年，他只看牛頓笑過一次，那是當有人問牛頓為什麼人們需要學歐幾里得的時候。我讀過一些關於牛頓的傳記，雖然每一本的書名都不一樣，但是其中任何一本的書名也都可以改成「牛頓：真是個混蛋」（Isaac Newton: What an Ass）。

比起牛頓的個性，更讓霍金印象深刻的是，他覺得在中學時所學的牛頓力學很無聊。「發現」才是會讓科學家感到興奮的東西——觀察到別人從未看過的行為或現象，或是了解了一樣從來沒有人理解過的道理。然而，由於牛頓定律明確地描述了日常生活裡的現象，再加上這些定律已經有好幾百歲了，所以高中物理裡的力學，並沒有什麼新鮮感可言。在高中物理的課堂上，老師會以牛頓定律來描述單擺運動，或是預測撞球碰撞前後的速度變化。對霍金而言，這些課程看起來像是「有趣的人在打撞球；物理學家則把打撞球寫成方程式」（Fun people play billiards; physicists write equations for it.）。因此，在霍金早期的學校教育裡，他對物理是不怎麼有耐心的。相反地，他喜歡化學多一點。因為，不管是以前還是現在，總會有東西在化學課裡爆炸。

霍金所在的分館是應用數學暨理論物理學系（Department of Applied Mathematics and Theoretical Physics）。當大家親切地以這個系的首字母縮略詞（ＤＡＭＴＰ，最後的字母Ｐ不發音）來稱呼它時，ＤＡＭＴＰ講的就是聞名世界的「史蒂芬·霍金的那個系」（Stephen

Hawking's university department）。

霍金所在的那棟建築只有三層樓，樓梯圍繞著電梯井而建。我爬著樓梯走上二樓。輪椅可在整棟建築裡通行無阻。在那之前，霍金常因此不方便而惱怒。這是讓霍金喜歡加州理工學院的另一個理由。當他於一九七四年接受到加州理工訪問研究一年的聘約時，整個大學為了歡迎他的到來，特別把整個校區翻修成無障礙空間。考量殘障人士出入的種種設施，一直到《美國身心障礙法案》（Americans with Disabilities Act）於一九九〇年通過之後，才成為公共設施的基本要求。

我爬到頂樓，一左轉就看到霍金的辦公室大門。門是關著的。我不知道這代表著什麼意思，不過，稍後我很快就知道了。站在那裡，我開始覺得有點緊張——我第一次要走進他的「王國」。

在我朝著霍金的辦公室走過去的時候，這座宮殿的侍衛走出來把我攔住。她是茱迪絲（Judith）。霍金的辦公室在大樓的角落，而她的辦公室就在隔壁。她把我擋在霍金的辦公室門之前。茱迪絲大約五十多歲，身材強壯，個性也跟體型一樣要強，看起來有點嚇人。她年輕時曾在斐濟工作過四年，是藝術治療的先驅，該療法用來替代原本對待精神病罪犯的電擊治療方法。她曾有一位病人是親手砍了他自己父親的腦袋。只有短短的幾個星期，她就能讓這位病人用蠟筆來畫棕櫚樹。我想，她能處理這樣的病人，處理我應該是絕對沒問題。

「你是雷納（Leonard）？」她問。她的聲音很有力。我點了頭。她說：「很高興見到你。」「只需幾分鐘，霍金在沙發上。」

霍金在沙發上？這是什麼意思？我會在沙發上小睡或看電影。然而，我不認為這是霍金正在做的事。不過，我覺得若是問出口，應該是不太禮貌，所以我就點點頭，好像等待一位在沙發上的大科學家是一件很正常的事。

雖然我和茱迪絲是第一次碰面，但是我們之前有過很多電子郵件的往來，也通過電話。我知道她在霍金的宇宙裡，扮演著很重要的角色。當你要和霍金約時間碰面時，她是那位決定霍金有沒有空的人。當你撥電話給霍金時，她是那個接起電話，然後把（或不把）電話遞給霍金的人。當你寫信給霍金時，她是那位決定要不要轉交這封信的人，如果是封重要的郵件，她則是那位把信讀給霍金聽的人。我聽說她唯一被打敗的一次，是霍金在南非要去見曼德拉，這位霍金心中非常景仰的政治家時。當時的曼德拉約是九十歲。他是個完全跟科技沾不上邊的人，而且不知為什麼，他很驚訝霍金竟然讓電腦幫他說話。當時，曼德拉的狀態也不太好，身體很虛弱。「他有點要過去了」是霍金對曼德拉的描述。這件事有點諷刺，因為當天霍金也不好過，他差點就無法出席那個約會。然而，作為隨行人員之一的茱迪絲自己倒是很希望能與曼德拉見上一面，因此當她看到霍金出門赴約時，她也搭上便車跟著霍金與他的看護人員一起過去。然而，曼德拉有他自己的「茱迪絲」，名字叫作賽爾達（Zelda）。當霍金一行人被引導著走向曼德拉的房間時，賽爾達走過去攔住了茱迪絲。她決定，對一個老人而言，這一群人太多了，所以她不讓茱迪絲進去。賽爾達擋駕了這位「擋駕人」！

我母親曾說過「有志者事竟成」，她說過很多名言諺語，但這句話真的有道理。事實上，每個安全系統都有它的漏洞，霍金的也不例外。它有一扇後門。你如果知道哪一個電子郵件地址是霍金留給朋友，而且是他自己會檢查的，那麼你就能繞過茱迪絲，自己聯絡上他。問題是，你通常不會收到回信。即使是索恩，這位與他有幾十年交情的好朋友，也說他收到回信的機率只有一半而已。沒有收到回信，並不表示他沒有讀你的信，不過，你也無法確定究竟是「已讀不回」還是根本就沒收到。假設他讀了你的信，那麼決定你是否會收到回信的因素，不在於這個議題對你有多重要，而在於對他有多重要。以每分鐘六個字的溝通速度而言，他必須妥善選擇「施捨」回信的對象。

茱迪絲也可能幫得上忙，如果她是站在你這邊的話。寫電子郵件的時候，也複製或轉貼一份給她。她會印出來，走進霍金的辦公室，然後念給他聽。萬一他懶得回覆的話，她還會逼著他回信。又或者是，如果我需要跟他說話，我會撥電話給她，然後她會去坐在他旁邊，把書桌上電話的免持話筒打開。在另一面，如果她決定比起跟你溝通，霍金有更重要的事要忙，那麼無論你何時撥電話，霍金都不會有空接聽。在我們簡短地聊了幾分鐘之後，她的電話響了。茱迪絲要我繼續坐在她的辦公室裡稍等一下，然後她便走進霍金的辦公室。很快地，她便再次現身，走向我。這個時候，他的門打開了。

一手牌再爛也不會輸

茱迪絲領著我進去。只有霍金在那裡，在他那張有名的書桌後面，坐在他那張有名的輪椅上。他低頭看著他的電腦螢幕。他的臉看起來比一般六十四歲的人要年輕一些。他穿著一件藍色的鈕扣式襯衫，最上面的一兩顆扣子沒有扣，看得到他的氣孔——在他的脖子下面，一個讓他可以呼吸的小洞。這個氣切的傷口，看起來像是一個深紅色的圓圈，跟美金十分硬幣的大小差不多，直徑不到二公分。他很瘦，所以襯衫和灰色的長褲都顯得很寬鬆。霍金唯一能規律移動的肌肉，就只有臉上的那幾條而已。他的其他肌肉都已經退化變質，根本無力支撐他的身體，嚴重地影響了他的姿勢。他的頭很不自然地落到肩膀的下方，看起來好像正在下沉，而且還有一點前傾。這些就是我們從電視上看到的他的模樣，然而，當你真的看到他本人時，感覺其實是很不舒服的。即使我曾經跟他在加州理工學院共事過，我還是覺得不習慣。儘管如此，面對這樣一位偶像，我還是有一點「追星」的虛榮感——我何德何能，能擁有我們即將相處的時光！能讓他為我這次的拜訪空出一整個星期，或甚至更久的行程？

「嗨，史蒂芬！」我打了招呼，儘管他沒有抬頭，我還是接著說：「很高興見到你。很高興來到這裡。我很喜歡劍橋！」

他還是沒抬頭。我等了一分鐘。感覺有點奇怪。然後，為了填補這種尷尬的安靜，我說：「我很高興要開始寫這本書。」

這話一脫口，我就開始後悔了。我竟然說了這樣一句愚蠢的陳腔濫調，而且也沒能填補多少空白。更慘的是，就技術性而言，我說的不是真的。在霍金上次訪問加州理工的時候，我們已經做了一些準備工作。雖然我們那時所做的，只有討論到這本書所要涉及的內容，並沒有實際落筆寫下任何東西。

我努力試著想再說點什麼。一些聽起來比較聰明一點的話。可惜我什麼都想不出來。

終於，我注意到霍金的臉頰開始抽動。那是他打字的方式。他的眼鏡裝有感測器，可以偵測他臉頰上的抽動，並轉換成滑鼠的移動或點擊，讓他可以操縱螢幕上的游標，從清單裡選取合適的字彙、字母或片語。這個過程，有點像在打遊戲那樣。看到他開始打字，我猜他應該是要回應我剛剛那些胡言亂語，幫我緩解一下尷尬。片刻之後，他的電腦合成語音終於發聲了。不過，他只說出了「香蕉」(Banana)！

這讓我覺得很失落。我飛了六千英里過來，還比約定的時間提前了幾天，好讓自己可以準備好，很有精神地跟他碰面，而我所得到竟然只是一句「香蕉」？當你跟別人打招呼時，別人卻回應你一個水果的名稱，這代表著什麼意思？實在讓我很不解！然後，他的看護桑迪（Sandi）闔上正在看的羅曼史小說，從沙發上起身。

「香蕉和奇異果？」她問道。

霍金揚起他的眉毛，意思是：是。

「那要茶嗎？」

他再次示意表示：要。

當桑迪在他背後的小廚房忙著準備茶點時，他終於把眼神轉到我身上。我們四目交接。很神奇地，在這一刻，他不需要言語，光是那溫暖而快樂的神情，就解除了我的武裝。

但我反倒為自己剛剛的沒耐心，覺得有點罪惡。他又開始打字。經過約一分鐘左右，我終於聽到他以那特有的聲音，說出我期待已久的話：「歡迎來到DAMTP」。

我可以理解，我們之間不會有很多快速交談的小談話，但我覺得這無所謂。那時，我真的感到很興奮，期待可以馬上開始工作。但就在那時，一位中年男子走了進來。他是劍橋的一位教授，也是位小有名氣的宇宙學家。對於這位不請自來的客人，霍金絲毫沒有想要浪費力氣介紹我們認識。「我想跟你聊一下丹尼爾，」他完全無視於我的存在，直接就問霍金：「你有一分鐘嗎？」

在隨後的幾年裡，我一直覺得這種情形很討人厭。隨時都有人會走進來，打斷我們的工作。他們總會說：「只要很快的一分鐘就好。」但是，我很快就學會了，這個「很快」其實是「不快」的委婉說法。一旦他們走進辦公室，霍金的同事就會長篇大論地跟他說話。雖然這些干擾讓我覺得不太舒服，但霍金卻似乎一點都不以為意。

霍金揚起他的眉毛，示意「有」，這意味著我必須先等他們說完。他們的對話內容，一開始還算有趣。聽起來像是這位叫作丹尼爾的學生，已經用完了獎助學金，但是還沒能完成他的博士學位。不過，他一直都很用功，也有了很好的進展。不知系上能否出資幫助他，直到他完成論文為止？由於霍金是廣義相對論研究群組的負責人，負責一部分經費的分配，用以資助學生或年輕的博士後研究人員的生活、差旅或其他需求。

幾分鐘之後，我就分心了。我開始東張西望。這間辦公室大概是一個長方形空間，門設在長邊的這一側，另一個長邊則有很多窗戶，不僅採光很好，由於這些具有未來感的建築設計，視野景觀也都很棒。

當你走進辦公室的時候，霍金的書桌在你的左手邊，與窗戶垂直。沙發在右手邊，背靠著窗戶。在霍金的後面，有一間迷你廚房，裡面有一個設了水槽的小吧檯，跟一個電熱水壺，小吧檯上方的牆壁則是釘有一個書架。在右手邊的牆面上有一片黑板，位在門的左側。上面留有很多由學生或是同事隨手寫下的方程式。黑板旁邊還有一張經過Photoshop合成的照片，是霍金與他年輕時的夢中情人瑪麗蓮·夢露的合照。

以大學裡的研究室規模而言，這間辦公室算是大的，只比系主任的辦公室稍微小一點而已。我到過商業界與好萊塢的一些執行長辦公室，你其實還不需要走進他們的辦公室，就可以感受到他們都是大人物。然而，物理學畢竟不是一個追逐金錢的競技活動，所以霍金的辦公室不算豪華。如果霍金是一位企業界的高級主管，那麼這間研究室的大小差不多只夠當間私人浴室吧！

他們的談話終於接近尾聲。這位教授說：最底限是，請你再批准六千英鎊給這傢伙嗎？霍金透過打字表達金額：「3,000」，結束了談話。教授在向他道謝之後，便離開了。我稍後知道，這類的請求並不罕見。由於霍金對學生非常有同理心，所以從來沒有拒絕過任何的請求。但是他又不想讓自己看起來像顆「軟柿子」，所以他總是會砍掉一半的預算。不過這改變不了什麼。「他是個非常好說話的人。」茱迪絲稍後跟我說：「大家都知道他會砍掉一半的錢，所以大家就要求雙倍的金額。真的！這是一個由奇怪的人在玩的奇怪遊戲。我沒有什麼不敬的意思。」

就在這位教授的要求獲得滿足的同時，桑迪也剛好完成漫長的奇異果剝皮過程，並把它和香蕉一起搗成泥，還泡好了一壺茶。在接下來的十分鐘，我坐在旁邊的沙發上，等著桑迪用湯匙一口一口餵著霍金吃東西。這根湯匙的寬的那一邊，對於把食物送進霍金的嘴巴來說，簡直就是完美的尺寸。那是有一天，他的一位看護人員在附近的餐廳吃飯時意外發現的，然後她就把它塞進皮包裡，給偷了出來。從那一天起，每一餐，他們全都使用這根湯匙。

我坐著的這張沙發，這張有名的沙發，表面是亮橙色的皮革，非常舒適。我得稍後才了解，當霍金需要緩解身體的不適時，會由值班的看護人員，在山姆·布拉克本（Sam Blackburn）的幫忙下，把他抱到這張沙發上；山姆是他的電腦與電子儀器助理。這解釋了剛剛的「他在沙發上」的意思，也讓我坐在那裡的時候，感覺有點奇怪。

對霍金而言，他需要在這張沙發上坐上一點時間。在那之後，他看起來可能會顯得很疲倦，而且需要喝杯茶，或是搗碎的香蕉泥，或是兩個都要，就和剛剛一樣。另一件也是我稍後才知道的，除非是他在沙發上的時候，不然研究室大門幾乎都是開著的。

我思索著，像霍金這樣，身體四周總是被看護人員親密地圍繞著，不知道是什麼感覺？我也懷疑，當你「需要」別人這樣環繞在四周時，又是怎樣的情形。你如何能像他這樣子地去接受別人的協助？看起來，他快吃完東西了。此時有一點香蕉泥與茶水從他的嘴巴流出來，流到他的下巴。桑迪拿著餐巾紙幫他把它們擦乾淨。關於接受這一類的幫助，相信早在很多年以前，他就已經跨過了那道心理關卡，而且也看不出來他為自己感到傷心或難過的痕跡。相反地，他似乎感到自己很幸運，可以擁有這麼多他所需要的人來幫助他。

身為物理學家，我們研究系統如何隨著時間演變，但在現實生活裡，我們無法假想未來會發生的事。我母親的另一句名言是：「你永遠不會知道明天會帶來些什麼。」她是猶太人大屠殺（Holocaust）的倖存者，對她而言，這句話是悲觀地認為，不可避免的災難就在眼前。然而，霍金從他自身的經驗所艱苦收到的訊息卻是相反的。俗話說，不管你手上的牌有多爛，也未必會輸。在他年輕的時候，這個疾病像把利刃切進了他的身體，儘管這個傷口持續緩慢地增長，終究無損於他的生命。相反地，他的生命穩健地豐富起來。現在，每當我在工作上遭遇挫折，只要想到霍金，就能鼓舞我，也讓眼前的煩惱顯得無足輕重。

為《大設計》創造大設計

在霍金上次訪問加州理工學院的時候，對於我們計畫要合著的書的每一章，都制定了詳盡的「計畫」：我們為《大設計》創造了一個大設計。《時間簡史》摘要了我們從一九八〇年代初期已知關於宇宙起源與演化的知識，回答了「宇宙是如何開始」的問題。《大設計》很自然地是它的續集，除了對前一個問題提供更新的資訊之外，還希望討論為什麼宇宙只有這麼一個？它需要一位造物者嗎？以及這些自然律為什麼會是它們現在這個模樣？

在我們的寫作計畫裡，霍金和我設計了一個敘事文的架構，以說故事的方式來闡釋這些議題。我們深入分析了霍金最近的作品，以及所有相關的背景材料，以期能掌握這些新作品的重要意涵，並把它們組織成各個子主題。然後我們開始分配寫作的分量，每一章、每一節，我們都同意有各自負責主筆的部分。我們的策略是，就我們各自負責的主題，先寫出草稿，然後以電子郵件交換彼此的草稿，之後看是約在劍橋或加州理工碰面，當面討論彼此的文稿。據此再各自修訂與改寫，然後重複這些步驟。

有一些霍金寄過來的段落，我實在看不懂他到底想要表達什麼，而必須翻出原始的物理論文，去弄清楚他的意思。跟我們在合作《新時間簡史》時不同，先前從霍金身上所感受到那種隨和的態度，完全消失殆盡。在這次的合作裡，對於每一個觀點，他都有準備好要跟你辯論的感覺，無論那是個多麼無不足道的問題。這真是一個緩慢的過程，就像螞蟻採集樹葉的殘渣橫越馬路去建造真菌農場那樣。這樣子不斷地來來回回之後，最終的結果就是，完全搞不清楚哪一個段落是由誰負責主筆。

這次的碰面是我們那些當面討論中的第一次。我們一起工作了幾個小時，討論了我們各自所寫的東西。和霍金在英國這裡講話，聽著他的電腦語音所發出來的美國腔，讓人感覺有點怪。他明明在英國出生，聽起來卻像是從堪薩斯州來的。

室外的熱浪已經入侵到辦公室裡了。我必須不斷地擦掉額頭上的汗水，感覺實在很討厭，不過，霍金的感覺一定更糟。我親眼看著一粒汗珠，從他已經因潮濕而結成一團的頭髮滾下來，然後散開，順著他的臉緩慢地流下來，時不時地還停一下，就跟在惡作劇一樣。我們都能想像，這個小水滴在滑落的路徑中，所帶來的那個小小撓癢的感覺。對我來說，拿張紙巾，輕輕一擦，就能同時擦掉汗珠，也能止癢。但是當你動彈不得時，就像在接受中國水刑的懲罰那樣，你就只能認命地待在那裡去承受，當水珠沿著牛頓的重力軌跡而滑落時，所引起的那個看似輕微卻又強烈而持續的刺痛感。桑迪好像沒有注意到這個情況。她雖然會時不時地抬頭看一下霍金的狀況，但每次又都回到她的小說裡。

我本來想問霍金，為什麼他不在辦公室裡裝台冷氣機，但又覺得這很不經濟，只是浪費他的時間而已，於是我去問了桑迪。她啪啦啪啦很快地回答了我的問題，不過她那個濃濃的倫敦土話腔，我大概只聽懂了一半。大意是說，這棟建築有某種中央控制的環境系統，不過不太好用。它會做一些你不想它做的事，譬如每天下午五點，無論你想或不想，它都會把電動窗簾關起來。然後，它又會不做一些你希望它做的事，譬如冷卻一下室內的空氣。在那之後幾年，山姆就偷偷地寫了程式，避開中央控制系統，取得對電動窗簾的主控權。山姆總是能找到變通的辦法來解決問題。但對我而言，更重要的是，他總能把霍金的行程偷偷地透露給我。可惜他對這股夏天的熱浪，也是束手無策。

霍金曾經提出要求，希望系上幫他安裝一台獨立的冷氣機，或是允許他自己加裝一台冷氣機，但是行政部門沒有批准。他們的答覆是，沒有其他人加裝冷氣機，為什麼他們要有這個例外？是啊，為什麼？或許因為霍金讓這個大學變得更出名，而他一個人所獲得的注意力就超過了系上其他所有物理教授的總和？或許只有經由「他」的募款能力，大學才有能力把數學科學中心（CMS）蓋起來？又或許是因為他是「癱瘓的」！不過，官僚系統的看法不同。他的同事或許都崇敬與仰慕他，但是管理階層的那個小圈圈卻從來不曾對他友善過。對大學裡的教授而言，負責行政的職員通常只關心法律議題、預算與募款活動；而對職員來說，這些教授只關心他們自己的研究，偶爾也許關心一下他們的學生，如此而已。這經常是這兩組人馬之間關係緊張的原因。我本以為，對霍金這種情形，或許會有些例外，但事實顯然不是如此。

霍金也可故技重施，跟控制電動窗簾一樣，私下解決問題。不過，差別在於冷氣機不像電動窗簾的開關那樣，根本無處可藏。另一方面，在劍橋的行事作風是，人們通常會被告知他們不可以做什麼，或是可以做什麼。有趣的是，無論你最終是做與不做，管理部門都不會有意見。儘管如此，霍金還是沒有去推動冷氣機的事。我想，就某種程度而言，他是同意管理部門的看法：如果別人沒有裝冷氣，他也不應該例外。

這時桑迪需要去一下洗手間。霍金的每一位看護都被要求，絕對不可以把他一人單獨留下來。通常在這種情況下，桑迪會請茱迪絲幫忙照看一下。不過因為我人就在附近，所以桑迪就把這個任務指派給我。「如果有什麼問題，就請茱迪絲過來。」她說，「我只要一分鐘就好。」

當我轉頭再跟霍金說話時，實在無法不去注意那滴汗珠。我發現自己就眼睛直直地盯著那些汗珠，在他的臉頰上凝結起來，再因自己的重量而流下、滴落。我的天啊！真是叫人無語！「我可以幫你擦一下額頭嗎？」我問。霍金揚起他的眉毛，表示可以。那是他少數還能移動的幾條肌肉之一，他揚起眉毛的理由很多：對別人的請求表示同意，表示願意接受你所提供的協助，以及跟你說謝謝。另一方面，當他要說「不」或是表達他的不悅時，他會給你一個可怕的鬼臉。

我抽了一張面紙，伸過手去，輕輕地擦了他的臉頰。他揚起眉毛表示感謝。由於他喜歡，所以我決定再幫他多擦一下。當我的手要再次伸過去的時候，他的眼睛似乎對我閃了一下「小心」的訊號。生命裡給過我很多這類的訊號，我通常都會錯過它們，或是在接收到時，已經來不及了。這次也不例外。結果是，我的手的速度好像太快了些，而這個擦臉的動作也太熱情了些。忽然間，他的頭就像個布娃娃一樣，軟趴趴地向前滾向他的肩膀，然後以看起來很痛苦的姿勢停在胸前。

他做了一個鬼臉，我則是嚇壞了。我該怎麼辦？可以碰他嗎？我還可以做些什麼？我伸過手去，盡我可能地，試著輕輕地把他的頭抬起來。他的額頭與頭髮都因汗水而濕透了。只要我一鬆手，他的頭就開始要往前掉。我只好停在那裡，一動也不動，小心地捧著他的頭，還得保持身體平衡。嗶！嗶！嗶！嗶！警報器響了起來。我因傷害霍金而被捕了！

桑迪剛好在這個時候回來，而在她身後的茱迪絲則是聽到警報器而趕過來。桑迪把霍金的頭扶好，也把眼鏡的位置調整好。當眼鏡回到原處時，警報器就停了下來。這副眼鏡上有一個感測器，可以偵測它與臉頰之間的距離，並把訊號送到輪椅上的電腦。這個感測器的主要目的，是讓他可以透過臉頰肌肉的緊繃與放鬆，來控制游標，從而打字或是從螢幕上選取一些簡單的指令。它也提供一個警報裝置，以免眼鏡下滑得太多。茱迪絲看著每件事都恢復秩序之後，轉身回到她的辦公室。桑迪擦拭了霍金的額頭。「對不起！」她說。他做了鬼臉。她則走過去坐回沙發上。

我為霍金覺得很難過，他因為額頭會癢或流汗，自己卻沒辦法抓癢或擦汗。就是在這段時間裡，我常常為霍金覺得很難過。由於他的殘障程度，讓他沒辦法去做一些我們常人隨手就能做到的小事，譬如說他不能自己吃飯，不能說話，在看書時也沒辦法翻頁，甚至沒辦法滿足自己最基本的生理需求。他有如此多的思想、觀念鎖在他的腦袋裡，然而，要取出這些想法的所需經過的「瓶頸」，卻又是如此狹小。隨著時間的流逝，所有的這些同情與憐憫，就像位在霍金的黑洞裡的東西一樣，也逐漸蒸發而消失了。

第二章

重新定義苦難

在霍金有他自己專屬的看護隊伍之前，有一些他的研究助理會住進他的家裡，與他當時的太太珍（Jane），一起合力照顧他。當時是一九七〇年代。他雖然必須坐在輪椅上，但還能控制一些肌肉，而且雖然口齒不清，但至少還能說話。他的學生會幫他穿衣服，餵他吃早餐，然後在他駕著輪椅上班的途中，走在他旁邊，一起去工作。在這段路途中，他有時會問一些簡單的物理問題，讓大家比賽，看看在抵達研究室之前，誰可以先回答出來。

霍金跟我從來沒有就解決問題比賽過。不過，當我跟他比較熟一點之後，我也開始學會在他需要的時候，提供一些小小的幫助。譬如說輕輕地幫他擦拭一下額頭或嘴巴，而不會造成嚴重的頭部傷害，或讓警報器鈴聲大作。當我在照顧他的時候，我有時會想，如果他還能控制他的肌肉，他的生活會是什麼模樣？我們曾經有過一兩次的討論。

他的態度讓我很驚訝。與一些人不同，對於自己的殘疾，他並不感到怨憤。他為我重新定義了苦難，他在每天、每小時、每一分鐘所必須經歷的掙扎，都是我從未體驗過的狀況，他時時刻刻都必須忍受著，對我而言淨是尷尬、難堪、痛苦、筋疲力盡或是讓人氣餒的情況。如果他有些自艾自怨的態度，相信沒有任何人會苛責他。我們都會有自艾自怨的時候，只不過理由都沒有那麼充分。對我而言，偏頭痛是一大挑戰，而且我認為「工作」會帶給我們很多偏頭痛。然而，霍金總是以幽默與正向的態度，積極面對每一個挑戰，迎接新的每一天。這是一個已在這個世界上找到自我位置、並為此感到滿意與快樂的人，才會有的觀點。

對霍金在劍橋的朋友而言，他一直都是這樣的人。然而，他們並不認識在牛津時的他。一九五九年，霍金十七歲，看起來健康狀態不錯，進入牛津，攻讀三年制的學位，主修自然科學，偏重於物理學。在頭兩年，他都覺得挺寂寞。雖然他很積極地交朋友，但並沒有建立起任何深刻的友誼。之後，在大學的最後一年，他加入了賽艇社，還成了划船校隊中的舵手，就這樣，在泰晤士河上，他同時找到了友情與冒險。泰晤士河流經牛津，劍橋這個地名更包含了「凸輪」(Cam，地名音譯為劍或康）在內，因此，划船在這兩個大學裡一直是個重要的傳統。因而在傳統上，這兩校的風雲人物都會出現在划船隊裡。對霍金而言，划船隊是一個社交俱樂部。

作為舵手，霍金的工作是控制賽艇的方向與速度。坐在船尾的他，直接就能控制方向，但還需要發口令來調節划槳的速度。他一直是個笨手笨腳、身體弱小、常被人戲弄、並且沒什麼運動細胞的人。但是現在他掌權了。對於這個角色，他是個完美的選擇：他體重輕，所以不會給船增加很多重量，而且他的聲音宏亮。

除了划船隊之外，霍金覺得他在牛津的生活很無聊。每個星期有幾堂由教授主講的正課，以及一個討論每週作業的助教課必須出席。他覺得這些問題「可笑的簡單」（ridiculously easy）。他幾乎沒有花時間在作業上，或是任何其他的課業，而是把時間拿去聽古典音樂或是讀科幻小說。他沒有企圖心，沒有目標，也沒有人生方向。他也和大多數的同學一樣，過度飲酒。這是在他去劍橋讀研究所，在他「被判死刑」，以及在他發現物理之前的人生。

重點是什麼

這是另一次造訪劍橋。我們從新書的合作開始，我把幾頁文稿放在霍金桌上的閱讀架上。那些是我早上剛寫好的草稿，茱迪絲幫我列印的。我們從逐字把這些文稿念出來開始。霍金此時又喪失了一些對於眼球的控制，因此閱讀的速度緩慢了一些。而且，霍金自己知道，他很難回過頭來再讀一次，所以他傾向於很仔細地把稿子讀過去。每當他讀完一頁，他便會揚起眉毛，我就幫他翻到下一頁。當我們最後讀完的時候，會再翻回第一頁，然後從頭開始，在這一輪裡，我們輪流對字句給出意見。

在那幾年，我在加州理工學院開設科學寫作的課，而不是一般的數學課，主要是把物理學中一些有用的比喻運用到寫作的過程。在物理學中，針對不同的尺度，我們有不同的理論。一般說來，量子力學適用於原子與次原子的尺度，在日常生活中，牛頓力學是一個「有效」或近似的理論，廣義相對論則應用在宇宙學的尺度，也就是重力為主要作用力的尺度。我教學生說，你可以用比喻的方式來分析寫作的作品。例如用字遣詞、句型結構、段落的安排、章節的組織，乃至於一整本書。在寫作過程中，每一個階段都有各自關注的重點與適當的工具，有時我們需要的是大圖像、大架構，有時則需要吹毛求疵地檢視細節。

考慮到霍金的一些生理局限，以及為溝通所需要付出的努力，你或許會認為，在我們合作的過程中，他會把自己專注在最重要的點，以及大尺度的問題。然而，事實並非如此。對他而言，似乎事無巨細，沒有什麼太小或不值得辯論的想法，也不會考慮是否浪費太多時間在討論問題上。有時，我們甚至可以就一整頁上所有的句子，逐句討論。偶爾會感覺他的生命似乎已經接近尾聲了，不過，他並沒有讓這份感覺來催促他。

在我與霍金共事的那些年，每當我們有什麼意見不同，他總是不厭其煩地透過他那繁瑣的打字過程來表達意見。即使我可以如連珠炮般地發表意見，而他卻需要刻苦地挑字組句來回應，但會感到筋疲力盡的人往往是我，卻從來不會是他。他的態度似乎像是我們可以「永遠」一起工作那樣。偶爾我會試著催促一下，提醒他我們是有截稿日期的。不過，他不在乎。然而，在我們延誤了交稿日期時，我們的出版商總會讓我順延，再給我們一個新的日期。曾有一次，霍金跟我說，即使這本書會花我們十年的時間，也沒關係。我回答他說，如果我們真的要一起過十周年紀念日，我會買個蛋糕來祝他好運，然後飛回家，讓他自己一個人把這本書寫完。

這是我們在合作《大設計》的初期，而我還沒有學會如何跟他的完美主義和解。他是個有使命感的人。然而，他並不是對所有的事都這麼「龜毛」。例如在划船隊上，雖然他合乎擔任艇長的條件，但他卻一點都不擅長那份工作。而且他也不在乎！這就是問題所在。對他來說，划船的重點在於冒險與情誼，獎盃則不是他的目標。在賽艇教練的記憶中，霍金是個缺乏野心、而且常常容易分心的人。他也批評霍金，在比賽時一些不計後果的輕率行為，例如常常試著去讓船駛向一些很窄，而且根本不可能通過的間隙。但對霍金而言，這種魯莽的冒險機會才是重點。不然為什麼會發生這種事？

霍金的教練對他還有一個很不滿的地方。在霍金的指揮下，不只划船隊的成績表現不佳，船槳與船身往往在賽後還有多處損傷。曾有一次，霍金甚至讓兩艘船迎頭對撞。對此，他還覺得相當得意。回到當時，他還是個年輕人，而不像那艘已有年歲的賽艇，已經不起挨打碰撞。那時的他還不到二十歲，正在享受他的身強體壯，還不到把身體健康視為是一份禮物的時候。跟大多數的年輕人一樣——也跟大多數年紀稍長的人一樣——他認為他的健康、他的強壯、他的才智與他的精力都是永恆的。

是小烏雲抑或大冰山

在物理學裡，一個理論只可能是真（true）或偽，二者擇一。哲學家認為物理學家對「真」這個字的用法，過於寬鬆，因為物理學裡所說的「真理」（truth）都只是暫時性的：因為你永遠無法確定，未來是否會出一個實驗，與迄今為止都是完美的理論相矛盾。然而，我所說的「一個理論只可能是真或偽」的意思是，在基本物理學裡，不管怎麼說，都不會有「幾乎正確」的理論存在。假設某個理論無法通過實驗的檢驗，即使它只是一個沒沒無聞的小實驗，甚至只是很小很小的偏差，我們都會說這個理論被「證偽」（falsified）了，以自然定律而言，它將不再為「真」。

一個被證偽的理論，可能仍有用處。它可能仍然適用於某些特定的領域——可能是大尺度的距離，或小尺度的距離，或是低速度的情況，或是重力微弱的情況等等。在實際的應用領域裡，例如固態物理、量子計算、恆星物理學，這些有效的或近似的理論，仍會有一席之地。但對於追求基本自然律的科學家而言，只要一個理論的預測值與實驗值之間有差異，無論在數值上是多麼地微小，他們都知道，那個可以稱為「真」的理論尚未出現，他們必須再找下去。[4]

在基礎物理學中這些研究工作的目標，是希望找到毫無例外的理論。然而，當理論學家從可能是基礎理論中發現缺陷時，我們所感覺到的並不是悲傷，而是興奮。我們會著手去尋找下一個理論，一個可以解釋先前理論已能解釋的所有現象，而且還能解決這個新發現的缺陷。新的理論可能會是舊理論的修正版，例如在一九九八年時，當科學家發現微中子具有質量之後，粒子物理中所謂的「標準模型」就經過一些修正。或者，它也可能是一個全新的理論，例如牛頓的運動定律與萬有引力定律，就被量子物理與廣義相對論所取代。

這場由「不斷改進的理論」所組成的大遊行，基本上最終會被「萬有理論」(theory of everything) 所終結。然而，如何判斷萬有理論是否真的存在？若它果真存在，又會是何面貌？這些疑問目前尚無定論。創造這樣的一個理論，是愛因斯坦在晚年時的一個主要目標。他稱之為統一場論(unified field theory)。你或許會認為，如果有誰可以像變魔術一樣，把這個理論變出來，那麼這個人非愛因斯坦莫屬。然而，在他最後數十年的研究成果，竟是讓自己脫離了物理學的主流。他寫道：「目前這一代人眼中的我，既是異端分子，也是反動分子，不過，無論是哪個身分，都會比我長壽。」

對愛因斯坦而言，這不是個問題。他覺得他已經累積了足夠的名聲，也為他的下半生贏得了足夠的權利，可以投身於唐吉軻德式那種不切實際的追求。因此，他幾乎無視於所有人的建議，而持續做他自己想做的事。跟霍金一樣，他也是個固執的人。而且，不出所料的是，在愛因斯坦於一九五五年辭世之後的數十年，對於「萬有理論」的追求，終於成了一股風潮。

大多數關於萬有理論的論戰，都忽略了一個重要的事實：從十九世紀下半葉起，物理學家已經相信，對於所有的物理現象，他們已經有了一個一致性的描述。這是當馬克士威完成他的電磁作用力理論的時候。再加上牛頓的萬有引力定律，這兩個理論已經為（當時）已知自然界中的所有作用力，提供了完整的解釋。當物理學家把這兩個「力的定律」與牛頓的「運動定律」結合之後，也就是同時掌握作用力為何，以及物體在受力作用之後的運動狀態，如此似乎已經足夠為宇宙中所有的現象做出解釋。至少，在原則上，只要把這些理論運用到你感興趣的現象上，列出方程式，再求解即可。

4 假設這個數值上的差異不是來自實驗誤差，或是因為所採用近似方法本身的缺陷而產生。

這裡有個很重要的警訊。如果方程式無法求解，那麼這個理論只是一項原則上的架構與方法而已。對一個物理系統而言，例如原子中的電子與原子核或是太陽系等等，根據某個理論寫下的方程式，它的解答將能描述這個系統的性質會如何隨時間而演變，例如原子的輻射或是行星的軌道位置等等。然而，我們通常無法解出這些方程式，因此大多數理論物理學中的結果，來自於運用恰當的近似值或方法。這正是物理學既是一門藝術也是科學的原因。

物理學家在十九世紀後期，對他們的理論非常有自信，因而有當時最有名的科學家克耳文爵士（Lord Kelvin），在一九〇〇年四月那場關於物理學未來的著名演講。在演講中，他暗示道，「物理學家的工作」只剩下晴朗藍天中的兩朵小烏雲而已。其中的一片烏雲是由美國物理學家邁克生（Albert Michelson）與莫立（Edward Morley）所從事的光速測量實驗。另一朵烏雲則是稱為黑體輻射的現象。克耳文爵士深信，它們只是兩個小小的異例，很快就能從我們既有的思想體系中，得出完美的解釋。事實證明，精確一點來說，它們不是藍天中的兩朵小烏雲，而是一艘在海洋中航行的船，即將撞上的兩座巨型冰山。

若想解釋邁克生－莫立實驗，需要狹義相對論被發明出來，而這在一九〇五年愛因斯坦完成這個理論之前是不可能的。若想解釋黑體輻射現象，需要量子論被發明出來，而這需要很多才華洋溢的科學家，從一九〇〇年到一九二五年，經過數十年的努力才終於達成。這兩個嶄新的理論合在一起，撞沉了牛頓運動定律這艘數百年來通行無阻的大船，而這也是在克耳文爵士時代所有物理學的基礎。如今，再也沒有人會認為牛頓定律可以代表基本的自然律。

克耳文所犯的錯誤，不僅是忽略了那兩個異例而已，他也沒能看到第三片烏雲。在十九世紀中期，人們觀測到水星的軌道與牛頓萬有引力的預測值，存在一個很小的差異。這個誤差雖然很小，但卻是個真實的存在，它反映出萬有引力定律的一個瑕疵。事實最終顯示，這個微小誤差的發現，正是第三個物理革命的預兆——愛因斯坦於一九一五年所提出的廣義相對論。

隨著狹義與廣義相對論的來臨，以及量子論的問世，牛頓的運動定律與萬有引力定律完全被取代了。相對來說，在這段激烈動盪的時期裡，馬克士威的電磁理論適應得比較好些。他的定律需要做一些修正，以滿足狹義相對論與量子論的要求，但是整體上並沒有錯誤。我們從這裡學到一課，在物理學裡，當一個理論生病時，它偶爾會釋放出一些訊號，看起來像是小小的異例或誤差，讓人誤以為最終只會出現一個無關痛癢的解釋而已。[5]

在霍金的健康問題上，也上演了相同的劇本。當他在牛津的最後一年，他發現自己有一些協調上的問題。他的手腳開始變得有些笨拙，說話時也有點口齒不清。這兩個看似輕微的疾病，事實上只是他體內那個重大疾病的冰山一角。雖然他看起來像個健康的年輕人，但事實上，他的身體已經不健康了。他已經生病了。

與克耳文爵士不同，霍金並沒有忽略這座冰山。他擔心自己的身體是不是出了什麼大問題，於是去了大學的醫護室。幫他檢查的那位醫生，給了他「少喝啤酒」的處方就把他給打發了。

冒險遊康河

已經是傍晚了。霍金的一位看護卡羅爾（Carol）正在餵他吃香蕉泥與咖啡。他的臉色蒼白，眼睛不斷的閉起來與張開。通常，我們至少會工作到晚上七點。不過，他的眼睛告訴我們，他已經累了。卡羅爾在餵食結束之後，繞著走過去按下熱水壺，幫她自己泡了杯咖啡。雖然只是即溶咖啡，但仍然滿室芳香。

我們的寫作次序，通常不會按著書中的章節順序。偶爾還會跳來跳去，譬如我們在寫到稍後的段落，卻發現到前面的部分需要多一些鋪陳時，或僅僅只是對於已經完稿的部分，又多了新的想法而已。這一天，霍金忽然決定，我們應該重新改寫開頭的「法則的支配」(The Rule of Law)那一章。他希望能以一個解釋自然現象的神話來開場，用來展示人們會以神話來解釋他們未知的事物——以及他們最終會如何發現自己的解釋是行不通的。我們為了這個想法在網路上搜尋了一個小時，結果卻是一無所獲。

我們決定，把這個神話的想法以「待定」(TBD)先暫停下來，繼續去改進這個章節的其他想法。因為「待定」其實就是「留給雷納去想辦法」(for Leonard to figure out)的意思，也就是說在我明年再來之前，我得做很多工作。我建議，他今天可以早點休息，而我則去找間酒吧，把這個問題搞定。就在他能夠回答我之前，他的另一位看護瑪格麗特(Margaret)走了進來。她今天沒有當值，只是路過進來打個招呼，這是她偶爾會做的事。結果，我對霍金的建議就遲遲沒能得到答覆，因為這個房間換她接管了。她完全不會擔心是否打斷了別人的談話。

瑪格麗特，二十多歲，有著微紅的金髮，身材苗條又誘人，據說她曾給霍金一張她自

5 暗能量與暗物質是我們當代物理學裡兩個還沒有解釋的異例。我們能否以現有的理論架構來解釋它們，或是我們需要修正現有的理論，又或者是我們需要一個全新的思考方式？沒有人知道。

繪的裸畫。在一次意外把輪椅推到門口，而弄斷霍金的腿之後，她就自己辭職了。他並沒有究責於她——對這件事，他似乎是採取相同的慷慨態度，就像是他（有時）會忍受研究生的錯誤觀念那樣。然而，在瑪格麗特離職多年之後，有一次我提到了她的名字，霍金說：「我想念她。」

在那天，天氣很好，瑪格麗特正處在「典型」狀態，她決定我應該在附近玩一下！在我跟他說，我今天想早點停工的時候，她宣布這正是享受一下當觀光客的時機：「何不讓我帶你去康河（Cam）搭平底船？」平底船是一種長方形、方頭、平底的船隻，長約二十英尺，寬三英尺，船尾有一個小平台，船體略高於水線。船夫站在平台上，以篙推向河床，讓船隻前進，而乘客坐在毯子上，後背靠著橫跨在船首的支架上。瑪格麗特自告奮勇要當船夫。

霍金似乎一下子精神就來了。他揚起了眉毛，表示也想參加。

這讓我感到驚訝。雖然霍金喜歡在河上，但我當時並不知道，因為那時我還不曉得他曾是牛津划船隊員的事。然而，對於搭平底船遊河這件事，我有讀過一些資料，我知道這對霍金來說是有風險的。如果船夫在推動搖搖晃晃的船隻，而失去平衡落水的話，可能會造成翻船的意外。我也讀過，偶爾當船隻相撞，或在上下船時，因失去平衡，乘客是有落水風險的。

對我們而言，這類的意外或許有些難堪或尷尬，但最多也就是變成落湯雞而已。但對霍金而言，卻足以致命。他無法控制肌肉，自然也無法使用這些肌肉，因而產生很多連帶的效應，其中之一是他的骨頭變得非常脆弱，因為少了日常活動中許多必要的拉拽鍛鍊。這是為什麼瑪格麗特會把他的腿撞斷，也是為什麼不適合把他帶到太遠的地方，所以我們不得不仔細考慮登船這件事。

另一件重要的事是，如果霍金離開他的電腦，他就不能打字，也無法精確表達他的需求。例如，他偶爾會有呼吸困難的時候，因為他喉嚨上的氣孔需要被清理。如果沒有他的電腦語音系統，他將無法表達這個需求。另一個可能是，我們其中的某個人會在上下船時滑倒而落水。最糟糕的情形是，霍金可能會落水，在這情形下，將沒有任何辦法可以去救他。他必須知道會有這些風險，但是這卻阻止不了他。在我多認識他一些之後，我了解到，這些風險可能更吸引他。危險似乎可以讓他感覺到自己是活著的。就和他的物理一樣，在生活裡，他也喜歡冒險。

半小時之後，霍金專用的廂型車來到了河邊，在往下走向河岸的一段長長的石階旁停了下來。當廂型車上的升降機把霍金跟他的電動輪椅放到地面上時，卡羅爾一把抓了一個黑色的大袋子，還有一個尺寸稍小、裝有霍金醫療設備的銀色袋子。瑪格麗特則是不知從哪裡買來了一瓶法國香檳和一些草莓；真是一個典型的河船野餐！

卡羅爾與瑪格麗特把霍金從輪椅上抱了出來。

「我可以抱著他走。」我自告奮勇地建議。

畢竟，我的身材是她們的兩倍，而且還有一段又長又不平穩的石階要走。在稍後和霍金相處的歲月裡，我偶爾會抱著他走一些路，但這一次，卡羅爾輕笑了一聲說道，她們不會讓霍金涉險，把他交到「我的」手裡。然後，他和瑪格麗特分別抓住霍金那脆弱身軀的兩端，一步步走下台階，而我則帶著那些醫療設備以及卡羅爾的粉紅色皮包，緊隨在後。

她們沒有人去扶著霍金的頭，而任由它搖搖晃晃。此時，我了解到，照顧霍金的工作一點都不科學。我回想起那時，當我要幫霍金擦汗而推到他的頭時：警報響起，我嚇壞了，而也惹惱了霍金。但是，現在，他的頭就像單擺那樣搖晃著，每個人的臉上卻都帶著微笑！看著這一幕，所有我所能想的只有：脖子痛。我想在霍金的臉上找到那個鬼臉，但卻找不到。當然，因為我是跟在後面走，而他的頭又晃來晃去，所以很難辨識出他的表情。我思索著是否該說些什麼，但她們又都是他所信任的看護。而且她們也已經照顧他很多年了。所以，我決定閉嘴，讓她們做她們的工作，我做我的工作：背著那個粉紅色皮包。

康河是流經劍橋的主要河流。沿岸路樹成蔭，蜿蜒流經劍橋大學的許多舊建築。河水不深，但可乘小船或划艇航行。劍橋大學有三十一棟建築物，其中有八棟在河邊，這些位置結合了宏偉的建築與河岸景致，為船上的乘客勾勒出如畫的美景。這雖然很好玩，但卻不是很舒服的經驗。船上堅硬的座椅，只比甲板略高幾英寸而已。

看護們抱著霍金，先登上船。卡羅爾背對著船首，兩腿交叉而坐，面向著在船尾撐篙的船夫。她們把霍金以半坐半躺的姿勢，面向著船尾，讓卡羅爾抱著。

霍金雖然無法言語，但在整個過程中，他也不是完全被動地接受所有的安排。他不是一個被動的人。他透過眉毛或左或右的小小移動，來指揮他想要多往這邊移動一點，或往那邊多一點。還有透過鬼臉來表示，他不太喜歡某個姿勢，以及揚起眉毛或微笑來表示滿意。當他終於以他滿意的姿勢安頓好之後，輪到我上船。結果船身開始搖晃，我一時失去平衡。在那個恐怖的瞬間，我以為我會跌到霍金身上，不過，我馬上屈膝，重新取得平衡。在看著踉蹌差點跌倒的那一瞬間，霍金的臉上竟露出一個燦爛的微笑。比起我，他就定位坐好的難度還小一些。這讓我覺得有點不好意思，而且類似的情形，這也不是最後一次。每當有什麼事，讓我為霍金擔心或難過時，他最後都會向我證明，他可以處理得很好，有時甚至處理得比我還要好。

當船開始啟動之後，卡羅爾會幫霍金轉頭，一下左邊，一下右邊，讓他可以好好欣賞沿途的風景。在瑪格麗特撐篙讓我們前進的同時，我餵霍金吃著切成小片的草莓，以及送上小口的香檳酒。

當死亡隨時都會降臨

在霍金那個時代，牛津大學對大學部學生的要求沒有非常嚴格。他告訴我說，通常每天只要讀一個小時左右的書就夠了。當他說這些話的時候，還帶著微笑，真是把我嚇壞了。在那裡，不僅僅是最聰明的小孩，更是一群天之驕子，然而，他們浪費著他們的時間，以及學校的教育資源。他們的態度是，如果你必須很用功，那表示你不夠聰明。我自己也是上好學校的人。我們開很多派對，但我們也很用功——勤奮而且長時間。

就霍金而言，在對什麼事物都沒有熱情的情況下，偷懶是很自然的反應。他甚至曾經考慮過，在畢業之後去當公務員。他通過了一系列的工作面談，表達了他希望到就業部（Ministry of Works）工作的意願；在當時，就業部是政府公共建築的主管機關。他也申請過一個下議院（House of Commons）的職員工作，雖然他完全不知道那個職位的工作內容是什麼。最後，是他那漫不經心的態度救了他，讓他沒能真的謀得那些工作——在公務員考試當天，他忘記要去應考了。

一九六二年秋天，二十歲的他從牛津大學畢業，轉往劍橋大學攻讀物理的博士學位。他的第一個學期並沒有很順利。他的大學生涯過得算是有趣，但那已經是過去式了。在研究所裡，你不能連續好幾個月都躺在沙發上，而只把學習時間安排在晚餐前的那一個小時。當他發現自己在劍橋的課堂上都聽不懂的時候，充分顯示出先前在牛津時沒有打好學習基礎。那一年底，在霍金回家過聖誕節時，他幾乎就要被退學了。

霍金在那段時間裡對於生命的徬徨，必定讓他母親有些擔心。他的身體狀況也是如此——他的肢體動作愈來愈笨拙。她帶他去給家庭醫生檢查。家庭醫生把他轉診到專科醫生那裡。專科醫生再把他轉診到大醫院去做檢查。他的家人幫他安排了一間單人病房，然而他卻因為他的「社會主義者原則」而拒絕了。在醫院裡住了兩個星期，醫生從他的手臂取了一些肌肉樣本，在身體裡插了一些電極，也注射了一些放射性的液體，並做了各式各樣的檢驗。然而，結果就和在牛津的校醫一樣，他們也沒有給出明確的結論就讓他出院了。他們唯一說的只有「這不是肌肉硬化症」，並建議霍金回到劍橋，繼續完成他的研究所學業。

在劍橋，霍金的症狀持續惡化。他覺得自己應該快死了，也覺得很難保持專心。最後，醫院裡的醫生整合了他的所有檢驗報告，確診他罹患了「肌肉萎縮性脊髓側索硬化症」（amyotrophic lateral sclerosis, ALS，俗稱漸凍人症）；是一種進行性退化的運動神經元疾病。

在描述他對這個診斷結果的反應時，他說：「我有一點像是悲劇角色的感覺。」那時是一九六三年初，霍金剛滿二十一歲。

就像房子牆上的黴菌一樣，一旦它出現，通常會從身體的下肢末端開始，ＡＬＳ會逐漸擴散，直到遍及全身為止。它透過破壞神經元來使人致命，這些運動神經元從大腦連到脊髓，再從脊髓與全身的肌肉相連。當運動神經元死亡時，大腦啟動和控制肌肉運動的能力就會喪失。只有隨意肌的動作會受到影響。

在霍金身上，這個疾病也差不多是從腳開始，然後逐漸向上蔓延。當他失去對大腿的控制能力時，就無法再站著了。當他失去對軀幹肌肉的控制時，就一定要有東西靠著才能坐好。當這個疾病攻擊胸部的時候，呼吸開始變得困難。一九八五年，當他四十多歲，已經罹病二十年的時候，必須進行氣管造口術，在他的喉嚨上切出一個氣孔，使他徹底喪失說話能力。雖然他的心智依然完美，但是這個身體卻已經變得了無生機。

罹患ＡＬＳ的患者，通常在確診之後的二到五年之間死亡。有二十分之一的機率，患者可能可以存活超過二十年或更久。霍金與這個疾病共存了五十年。然而，當他初次確診時，就他所知，他活不過幾年。他預期自己終將因窒息而死，而這也只是早晚的事。

面對即將來臨的死亡，霍金陷入一個悲傷的階段，這是罹患絕症患者的必經歷程。他最終還是深深地陷入沮喪，情緒十分低落。他把自己關進一個黑暗的房間裡，用最大音量來聽華格納。這是他殘留的一個童年記憶，那時，他的父母也會在家裡，把錄音機開到最大聲來播放華格納的音樂。

從某個時候起，霍金開始夢見死亡。他說，其中一個是他即將要被行刑處死；另一個則是他不斷地重複夢到自己會犧牲生命去拯救別人。他開始思索這些夢境的意義。面對這個不可能撤銷的死刑宣判，他問自己該如何度過最後這些時間。他可以做些什麼，才能讓剩餘的這幾年或是幾個月變得有意義？他可能找到什麼可以點燃熱情的事嗎？

如果某個原本看起來是小小的問題，最終卻演變成一個大問題，那麼生命中的另一個悖論就是，原本看起來是不好的事情，最後卻變成一樁好事。那些「物理學冰山」就是一個例子：它們可能撞沉了牛頓物理學這艘大船，但它們卻為新物理指引了方向。霍金跟我說，這個疾病也指引了他一些新東西。

「我們都知道，我們終將一死。對多數人而言，這是一個抽象的概念。但對我而言，它一點也不抽象。」他說道。死亡教會他去珍惜他所剩餘的每一天。

從我們在康河的這一小段航程中，我可以看到這點。我們大多數人都在生命裡漫步，並沒有太多的迫切感。整個社會規範是去追求事業、金錢與物質財富。我們擔心的是衣著是否得體，是否需要洗車，是否該把手機拿去簽約換一台最新型的手機回來。我們把我們大多數的時間都花在一些無關緊要的事物上。眼看著死亡迫在眉睫，這讓霍金把剩餘的日子轉變為一個更為富有的生命。他把注意力轉向一般人視為理所當然的事物上——不只是他稍後發展出熱情的研究工作而已，也包括了身邊親近的人，以及圍繞在身邊的大自然。在霍金凝視河水時，從他的眼中，我可以看得出來這些對他有多麼重要。這似乎深深地感動著他。當我看著他望向夜空的星星時，我也能看到相同的感動。由於知道死亡可能隨時都會降臨，對於生命裡的每一個瞬間，他變得更有知覺。

在他確診之後，霍金最初在情感上很難接受這個事實，大約經過了一年，他才開始掌握住自己的命運。已能確定的是他將逐漸失去所有肢體活動的能力，這個疾病反倒放大了他仍能正常運作的心智活動的價值。它讓他選擇，是要在身體衰敗的同時，一起把精神也浪費掉，或是去尋找一個他仍能正常活動的心靈世界。處在他這種情形下的人，有些人會找到上帝，但霍金卻找到了物理學。他決定要完成他的博士學位。令他自己覺得驚訝的是，他竟然喜歡這份研究工作。

古代的哲學家與現代的心理學家都強調，幸福源自於內在世界。即使你是一個身無長物的穴居人，也可能和一個開著法拉利、有一份好工作的人，感到同樣的幸福，甚至可能更幸福。身體上的衰敗，促使霍金透過心智活動，去尋找內在的滿足。一直到那個時候，霍金的心智都還是處於休眠狀態。它可能偶爾會劈哩啪啦地運作起來，譬如霍金需要考試過關的時候，但是很快地，它就又回復到休眠狀態。然後，是霍金的確診。它喚醒了他。這個疾病成為一個靈感與啟示。因此，隨著他的身體逐漸萎縮，他的心智卻如花朵般綻放。他開始思考什麼才是生命中重要的東西。他開始去尋找意義，去思考一些關於宇宙的存在問題，以及我們在宇宙之中的位置為何。他也對是否要成家感到焦慮。而且，在他獲得一些名聲以及稍有影響力的時候，他便主動尋找可以幫助其他受苦的人的機會，特別是殘障人士。

在所有我與霍金交談的時間裡，他從未顯示出為自己難過的跡象。我問過他的好友索恩以及天文學家里斯（Martin Rees），他們兩位都在霍金確診不久之後就認識他，他們也沒見過他自艾自憐過。所幸這個疾病只是隱隱緩慢地在體內蔓延，霍金沒有立即的生命危險，但也未曾見過他哀傷自己的不幸。凡與霍金相處過的所有朋友都不禁會自我懷疑：我們有否認識到自己的潛力？

這趟河船之旅大概只花了一兩個小時，但是陪著霍金一起出遊，這份參與到他日常生活的經驗，讓我對他所選擇的生活方式，有了新的看法。帶著毫髮無傷的霍金，我們回到了最初上船的地方，而我似乎是唯一那位對這個結果感到難以置信的人。

回到廂型車這邊，霍金的看護開始了一長串的上車程序：降下廂型車的輪椅坡道，把輪椅從車子裡推出來，讓霍金坐回輪椅上，用皮帶把他扣好，再把輪椅推回車上並固定妥當。剛回到辦公室時，霍金的臉色看起來有些蒼白。不一會兒之後，他的臉色就好多了。而我，在另一方面，卻覺得已經累壞了。我打算要先回我的房間小睡一下，之後再起來上網搜尋，看看有什麼合適的神話傳說，可以用來寫進「法則的支配」那一章。沒想到，霍金竟然邀我一起回家。他說，晚餐前還有一兩個小時。他希望繼續工作。

第三章

關係的開展、連結與羈絆

霍金的家位在綠樹成蔭的華茲華斯路（Wordsworth Grove），與老城區在步行距離之內，鬧中取靜，也靠近他的辦公室。那是一棟黑色木瓦的兩層磚砌房屋，看起來有一點像瑞士的木造農舍。這比他童年時的家還高了一大級。那時他的家，家具破舊、壁紙剝落，也沒有中央供暖設備。他的父母並不貧窮，但是很節儉。然而，目前這棟房子的裡裡外外都是頂級的。庭園的面積不大，卻草木蒼翠，房屋四周是木造的圍牆，上面爬滿了鬱蔥的常春藤以及灌木樹籬。從街上望去，就只能看到二樓。這棟房子有二樓，讓我有點驚訝，因為霍金沒辦法爬樓梯。我聽說的是，當時霍金所娶的那個女人，伊蓮（Elaine），喜歡這個方式，喜歡擁有一個平行卻又不受打擾的個人空間。她當時可能在樓上，不過她並沒有下樓來加入我們。這也是我聽說的，這樣沒有什麼特別。

雖然霍金是邀我到他家繼續工作，不過，在那之前，我們倒是耗了不少時間。首先，他得先稍微休息一下。然後，開始討論晚餐要吃什麼。瓊（Joan Godwin）是一位頭髮斑白的老護士，已經照顧霍金數十年之久，現在不必再負責看護工作，只負責做飯而已。瓊非常了解霍金，包括他的需要以及如何使他高興。她就像她的大姊一樣，而且也不吝於隨時跟我分享她對霍金的了解。

在跟瓊討論過晚餐之後，霍金先用了一些茶點，然後得吃維他命，總共要吞下十多顆藥丸。之後，他開始一些談話，其中包括邀請我留下來一起晚餐。當這些都結束之後，已經過去一個小時了。對這些延遲，他一點也不介意。我有一種感覺，他邀我過來，只是希望有人陪他而已。這不是我有這種感覺的最後一次。有時候，即使我們沒有計畫要在週六工作，他也會在最後一刻把我召來。我本以為他有很多想法想要討論，然而，當我到了他家，我們就只是聊天或是一起看電視新聞。在週間的工作日，就在第一次到他家晚餐後不久，他幾乎每一天都邀我一起晚餐。這成了一種常態，只有當計畫有變，例如在要到外面餐廳用餐，或是他或我當晚不能一起在他家晚餐時，我們才需要討論晚餐的計畫。

雖然我很喜歡跟霍金待在一起，不過那一晚，我其實很希望我們可以趕快辦點正事。終於，我們能夠簡短的交換一些意見，然後我也有機會問出我認為重要的問題。我希望瓊可以慢慢地烹煮食物，讓我們可以有多一點時間討論。萬一她把食物烤焦了，一切又得重新來過。我的問題主要是霍金希望我為開頭章節找的那個神話。如果我不能弄清楚他的想法，可能得在網路上胡亂搜尋，最終浪費好幾個小時。就在霍金正開始要打字回答我的時候，瓊走了過來，端來了一大盤的牛排與馬鈴薯泥。他完全無視於她以及那些牛排，而繼續打字。瓊走回廚房去拿醬汁。當霍金終於把字打好之後，他的眼睛望向我，然後電腦的語音說出：「請你挑酒。」這就是我們那個傍晚最後的工作。那個神話的問題得再等等了。

瓊告訴我他們放酒的地方。霍金有一整櫃滿滿的酒。大多數是紅酒。我猜，其中很多都是禮物。有些看起來很貴。譬如標籤上寫著頂級（Grand Cru）的法國紅酒，而且釀造的年份還在我小孩出生之前。霍金總是要我去選酒。也許因為我從加州來，讓他以為我懂一些酒，但我其實不懂，所以我每次都是隨機亂選，或是根據釀造年份，看看是否有我記憶中的特殊事件來挑。一九八八年的波爾多葡萄酒（Bordeaux）？那一年法國贏了世界盃。讓我們試試看吧！

在霍金家吃晚餐一直都是很愉快的經驗，不過我們從來沒有在用餐時間談論工作。由於他必須透過臉頰上的肌肉來打字，所以，無論如何，他沒辦法在吃東西的時候說太多話。偶爾會有一些單詞不經意地跑出來，但都沒什麼特別意義。不過，他的看護總會試著延續話題。那一晚的看護是貝拉（Bella），一位來自捷克的女護士，在我們的河船之旅後不久，剛好輪到她值班。貝拉抱怨醬汁裡的蘑菇。她不喜歡蘑菇。霍金把這歸因於她從小在東歐長大。他告訴她：在共產黨統治時，東歐是沒有蘑菇的。雖然在蘇聯解體時，她只是一個小孩，不過只要每次貝拉把蘑菇從盤子裡挑出來，他就會舊調重提，再說一次他的觀點。

霍金其實比大多數人都還要專注於他的工作，然而他也沒有忽略友誼的培養。這並不是件容易的事，特別是他的疾病強加在他身上的諸多束縛。生理肢體上的限制！試想他每天需要花在醫療與護理上的時間。這是一個多麼令人尷尬與困難的處境。就連和一個陌生人隨意的聊聊天，都是一件他完全無法做到的事情。儘管如此，他還是設法擁有了大量的社交活動。在他的全盛時期，在他的身體開始走下坡之前，他是銳不可擋的。

改變命運的那班火車

若說霍金的病改變了他的人生，那麼他在一九六三年所搭的一班火車也改變了他的命運，也是在那一年，他得知自己罹患了漸凍人症。那時他正要從聖奧爾本斯（St. Albans）站搭火車回倫敦，這當然不是他第一次搭這班車。不過，這一次，命運的安排，給了他一個意義非凡的旅程——他遇到了未來的妻子珍·懷爾德（Jane Wilde）。

在這次的偶遇之前，他們已經碰過面了。他們倆第一次碰面，是在一月八日的一個新年派對裡，之後不久，霍金還邀請珍一起來慶祝他的二十一歲生日。不過，在這兩次的見面裡，他們都沒有聊很多。在那之後，她聽說他罹患了某種會癱瘓的疾病，而且不久於人世。一個多月過去了。她都沒有再聽到他的消息，看起來這似乎就是結局了。但也可能正因為如此，才會有這次在月台上的邂逅。

他們坐同一班車前往倫敦。這一段車程很輕鬆，只有短短的半個小時，但這讓他們倆終於有機會可以好好的聊聊天。霍金身材消瘦，衣衫凌亂，還有一長串棕色的頭髮掛在眼鏡上。他才剛開始在劍橋大學研究宇宙學。珍那時十八歲，剛從聖奧爾本斯的高中畢業，還不知道宇宙學是什麼東西。她跟霍金說：很難過聽到關於他生病的事。他皺了一下鼻子，改變了話題。整段的車程，他們東聊西聊。在快到站的時候，霍金對她說，他常在週末時到倫敦來，問她是否願意找個機會一起到戲院看看？

他們第一次約會的那天晚上，霍金帶她上一家位在蘇活區（Soho）的高級義大利餐廳，之後再到舊維克劇場（Old Vic）去玩。這是一個昂貴的夜晚。昂貴到他花光了所有的錢，而得讓她付回家到聖奧爾本斯的車錢。「我非常抱歉。」他道歉著說。

沒過多久，他就再次邀她出來，一起參加一個華麗的大學舞會。這一次，他開了他父親的一輛舊車去接她。福特西風（Ford Zephyr）是一輛大車，他不僅開得很快，而且橫衝直撞，就和他多年後開輪椅的風格一樣——在他身體夠好，還能自己操縱輪椅的時候。也許，他根本就不知道害怕為何物。也許他認定自己已經沒什麼好損失的了。不過，珍知道什麼是害怕，也禁不起這種損失。她嚇壞了。她回憶道：「我害怕到不敢看著前方的路。反倒是霍金，好像是什麼都看，就是沒在看路。」

這趟車程對那晚來說，實在不是一個好的開始，不過珍試著把注意力集中在稍後會發生的趣事上。這個舞會其實是由很多個小舞會所組成的，大家在大學校區裡許多不同學院的教室或大廳同時跳著舞。整個舞會，通宵達旦。由於病情有些惡化，待他們抵達會場時，霍金已經走得有些不穩，而且他告訴她：我不會跳舞。她回答說：「沒關係，這沒關係。」不過，她在說謊。這很有關係！

那一晚，他們從一個場地換到另一個場地。有一支牙買加的金屬樂團在草地上演奏，一個弦樂四重奏樂團在另一個木板鑲嵌的房間裡演奏，在遠處的一個舞台上有卡巴萊歌舞表演。當他們在場地之間行走時，各式的樂音交織在一起。四處都有精美的自助餐點，大量提供香檳。他們最終駐足在一個照明有微弱藍光的地下室，室內有一支爵士樂隊在演奏，舞池裡擠滿了跳舞的人。珍想加入他們，而這一次，霍金被她說服了。他們隨著音樂舞動，直到樂團停止演奏為止。當清晨到來時，他們已經癱坐在三一學院教室的扶手椅裡，那是霍金所就讀的學院，也是牛頓曾經工作過的地方。他們在那裡小睡了一會。

真是個愉快的夜晚，不過到了要回家的時候，她想起了昨晚開車過來時的過程，一下子就清醒回到了現實中。她不想再經歷一次相同的折磨。她提議自己可以搭火車回家。然而，霍金是位紳士，因此這樣的提議很難被接受。她是應該當眾大吵一架，還是乾脆閉著眼睛就讓他載回家？在禮貌與舒適之間，她選擇了前者。在車子終於開到家門口的時候，她已經崩潰了，幾乎顧不得說聲再見就跑下車。

看起來，這兩人之間似乎又沒戲唱了，而且珍的母親也看到了這一幕，而且還驚呆了。怎麼自己的女兒這麼沒禮貌，竟然沒有請他進來家裡坐一下。很快地，珍也改變了主意，又跑回大門去。他們的房子是位在一個很陡的坡上，而霍金還沒發動引擎就解開了手煞車。就在他笨手笨腳地搞不定鑰匙時，車子已經開始往下滑走了。她很高興自己沒在車子裡。霍金看到她，連忙踩住煞車。

伴著陽光，他們坐在花園的門口旁一起喝茶，霍金體貼又迷人，兩人開心地聊著昨晚的趣事。此時，先前在車上那份驚恐的感覺，開始變得讓人比較可以忍受，就像是兩人一起經歷過的一段冒險，而且，如果他們以後再碰面，她還能再多冒一些險。她心想，她是喜歡上他了，這個奇怪而且大膽的人。她非常喜歡他。

數年之後，他們結婚了。之後的三十年，她愛著他，陪著他接受無數的榮譽與榮耀，欣賞著他的勇氣、天分與幽默，全心全意地把自己奉獻給他，給了他一個家，幫他支付帳單，承擔起扶養三個小孩的責任與勞務，而且，到後來，還要餵他、幫他穿衣服、洗澡，無數次帶著他上醫院，以及在瀕死邊緣掙扎。隨著時間流逝，在這個過程中，她逐漸失去了自我，也找不到自己的價值。她懷疑著：我是誰？一個無足輕重的小人物？

選對指導教授很重要

無論你最終會成為誰，也無論你知道多少，當你剛剛進入物理所當研究生的時候，你就是從最底層開始。你在大學部所上過的課，即使是包括在研究所裡所上的課，雖然它們都很重要，但是它們只是背景知識而已。它們對你而言，就是讓你當一個學習過建築物的建築工人，而你，還沒有蓋過任何東西。要拿一個理論物理的博士學位，你要建構出自己的理論架構，或是在既有的基礎上添加一個新架構，又或者是找到需要修改的地方，把它修好。只有在你真正做過一次這樣的工作，或十次這樣的工作，你才足以稱得上是一位理論物理學家，也才知道當個理論物理學家是什麼意思。

在大多數的博士學程裡，一般是在入學一年左右，你得在系所裡「說服」某位教授，讓他願意成為你的指導教授——在你第一次建構理論架構時，充當你的導師與監督人。在劍橋大學，他們的程序稍稍有點不同。在霍金申請入學的時候，就必須提出與某位教授合作的申請。他本來希望能成為霍伊爾（Fred Hoyle）的學生，因為他是當時英國最負盛名的天文學家。雖然劍橋接受了他的申請，但卻告訴他霍伊爾已經有太多學生，而把他指派給另一位理論物理學家夏瑪（Dennis Sciama）。[6] 那時，霍金完全沒聽過夏瑪的名字。

在研究所裡，選對指導教授很重要，這不只是因為你要找位合拍的導師，而是萬一你們的研究興趣不合，那麼你的前途將會充滿艱辛。最基本的選擇是你想做理論，還是做實驗。絕大多數的物理學家，都選擇成為實驗物理學家。這個選擇是必然的，因為建造一個儀器來測試某個理論需要很多位科學家，而提出理論只需要少數人，因此做實驗的科學家需求較大。通常，當你到了研究所的階段，你會知道你心中所屬的陣營是哪一個。不過，這只是剛剛開始而已。

物理是一門浩瀚的科學，由多種專業與分科等大大小小領域所組成。有些專注於發現自然的基本定律。其他則專注於把這些自然律應用到某個特殊的現象或系統上。例如，光學專注於把電磁學的基本定律應用在光的行為，以及探討光與物質之間的交互作用。核子物理專注於了解原子內部，質子與中子之間的交互作用。量子資訊科學在於應用量子物理的基本定律，目標在於創造出超強威力的量子電腦。

相反地，對於基本自然定律的研究僅基於兩個主要支柱。首先是廣義相對論，這是一個只專注於探討重力，以及物質在重力的影響下如何運動的理論。然而，在重力之外，大自然裡還有電磁力、強力與弱力等三種基本作用力。廣義相對論完全沒有關於它們的討論。這三個基本作用力以及它們的種種效應，則由所謂的基本模型所描述；這是基本自然律的第二個支柱。

基本模型是一個量子理論；量子理論是基於普朗克（Max Planck）於一九〇〇年所提出的量子假設發展而成。量子假設是指某些物理量(例如能量)只能以不連續的數值出現。在牛頓的理論中，能量是個連續的物理量，就像水一樣；然而在普朗克的理論裡，能量是由許多微小的單位所組成，就像麵粉是由許多細小的顆粒所組成那樣。在量子理論中，粒子、場以及宇宙的所有性質全都變得「模糊」以及機率化。凡是不具有這些特性的理論都稱為古典理論，即使是廣義相對論也一樣，雖然它們已經非常不同於由牛頓所發明的原始古典理論。

不過，標準模型並不只是另一個量子理論。它是某個特殊形式的量子理論，稱為量子場論。因為它是透過「場」的觀念來描述作用力，類似科幻小說或電影裡的力場觀念——只有場可以穿越空間與時間。

6 Sciama 發音為 she-ama。

因為廣義相對論是一個古典理論，因此它與諸如標準模型之類的量子理論並不相容。對於不熟悉近代物理發展的人而言，可能會覺得很弔詭：我們有一個古典的重力理論，以及一個關於其他作用力的量子理論，然而我們又在不同的領域各自應用這兩個理論，就像管理著精神分裂一樣。雖然，這距離完美還非常遙遠，當代很多的物理學家正竭盡所能地希望發現一個量子版本的廣義相對論，一個稱為量子重力的理論。終極目標是建造出單一的量子理論，可以包含量子重力與標準模型。那個尚未發現的理論將能描述所有的四個基本作用力，這就是愛因斯坦把它稱為統一場論，以及物理學家現在把它稱為萬有理論的原因。

在霍金開始讀研究所的時候，幾乎沒有物理學家願意去發展重力的量子理論或萬有理論。理由之一是，如同我剛剛所說的，廣義相對論與量子理論彼此以一種和平的狀態而共存著。它們描述著不同的作用力，也描述著在不同尺度下的大自然。就像在生物學裡，研究哺乳類與研究細菌是兩件不同的事情，在物理學裡，關於廣義相對論與量子理論的研究也是同樣的道理。

然而，霍金與大多數的物理學家不同。在物理學豐富而浩瀚的眾多觀念中，讓剛進入研究所就讀以及在人生態度剛有了重大轉變的霍金感到興趣的是廣義相對論，特別是在宇宙學這個子領域裡。宇宙學是希望藉著廣義相對論來理解宇宙的起源與發展歷程。霍金之所以會投身宇宙學的研究，因為這是唯一可以回答關於存在這個問題的領域，而這正是他當時最為關心的事。對霍金而言，那些研究基本粒子理論的人，也就是希望最終可以建構出標準模型的人，似乎對於宇宙學裡那些深層的問題較不關心，而只專注在許多基本粒子與作用力的分類上。霍金挖苦地說，他們所琢磨的東西就像「植物學」一樣，他一點興趣也沒有。

霍伊爾是霍金心中指導教授的首選，也是宇宙學中著名的學者。他是宇宙學理論中一個稱為「穩態理論」的共同創立者。對於被指派給夏瑪這件事，讓霍金有些失望。在霍金的生命裡，看起來像是挫折與不順的事情，再一次地變成是一個祝福。隨著霍金對霍伊爾的穩態理論有愈來愈多的了解之後，他也愈來愈不認同這個理論。事實上，在他剛當研究生不久，就在倫敦由皇家學院主辦的一場研討會中最後的問答時間裡，有了驚人之舉，他站起來宣告說他找到了霍伊爾的數學計算的錯誤。幾年之後，他再次在這個傷口上撒鹽。他在他的博士論文的第一章，便對穩態理論提出了批評。

霍伊爾是一位傑出的物理學家，他對於氫與氦如何經由恆星中的核反應而形成重元素做了開創性的研究。然而，以一名科學家而言，他卻犯了一個嚴重錯誤：無視於指出偏愛理論有誤的關鍵證據，在這裡的例子是穩態理論。所以，如果霍金如願地成了他的學生，那絕對不會有什麼愉快的時光。在另一方面，夏瑪也是一位傑出的天文學家，但他後來捨棄了霍伊爾的理論，因此對於霍金鄙棄該理論的態度，雙方沒有什麼衝突。

雖然在指定教授的人選這件事情上，霍金是幸運的，然而關於專攻領域的選擇卻有個問題：他對於宇宙學知之甚少。雖然他在牛津的大學部讀的是物理，但卻涉獵不深。可以像他這麼快便在這個研究領域裡嶄露頭角，聲名大噪，這不僅告訴我們他有多麼聰明，也告訴我們物理學的一些特質。

在理論物理裡，你可以學得很快，因為這個領域的進展取決於觀念上的理解，而不像在法律或醫學的專業，需要知道很多的事實或案例。「你不需要死記，」霍金有一次咧開嘴笑著跟我說，「你可以推導。」這是因為物理學把經驗濃縮成一個很簡潔的形式。例如說愛因斯坦的方程式，可以短短地寫成一行，然而它們就像一串記錄著無數個系統的行為與特性的密碼，從行星軌道到足球的飛行軌跡，再到恆星塌縮成黑洞，全都涵蓋在內。

愛因斯坦簡潔的方程式卻有如此大的威力，並不是魔術。由這幾個少數的符號所組成與代表的觀念，需要耗費很大的精神與努力才能完全掌握。就某種程度而言，我們所有的人都會濃縮我們的經驗。若非如此，這個世界就會複雜到無法理解的程度。我們不會去留意福特的車在紅燈時停下來，豐田的車在紅燈時停下來，福斯的車在紅燈時停下來等等。我們會把所有的這些觀察統括成一個原理（principal）或一條定律（law）：「車子在紅燈時停下來」。這就是我們物理學家在做的事，只是濃縮的程度在一千倍以上，而且我們把濃縮過的定律以優雅的數學形式來表示，這讓我們可以由某個定律推導出另一個定律。律師就沒辦法這麼做，因為雖然在法學裡可能有些一般性的指導原則（principal），但是人類的法律（law）是一種特別的創造物，而且沒辦法從某個法律去推導出另一個法律。醫生也沒辦法單從某一組基本原理，就推導出人體解剖學中的許多細節。物理定律的這個特點，讓每一位物理學家都感到驚詫不已。

霍金所鑽研的書籍與論文，濃縮了我們對於宇宙學原理的認識，而且他學得很快。雖然他預期自己只剩下幾年的生命，但在宇宙學裡，他至少是把時間花在處理令他可以感到興奮的問題上。

一生的摯友羅伯特

霍金與珍結婚之後，在一九六五年的巴士底日（Bastille Day，七月十四日，法國的國慶日）那天，他們在舊劍橋市區租了一間小小的老房子，位在小聖馬利亞巷（Little St Mary's Lane）的十一號，走路轉個角就能到那座同名的中世紀教堂。房子裡的房間都不大，天花板也不高。出租之前剛剛重新翻修過，但是不含家具，而他們也沒有太多錢去購買家具。霍金夫婦購買了一張床，一張餐桌，一些椅子和一台冰箱，而為了這台冰箱，他們更是討論了一整個下午。

霍金當時是個二十三歲的研究生，珍只有二十一歲，正在倫敦攻讀語文，再一年就可以大學畢業。她大部分的週間時間都待在倫敦，他們只有週末才聚在一起。住在小聖馬利亞巷的這間房子，最大的好處是離霍金當時的研究室很近，大約一百公尺左右。然而，如果說上學很方便的話，那麼住在家裡卻一點也不容易。這間房子的主臥室在二樓，上樓時須爬一個奇怪的螺旋梯。浴室也在二樓。那裡還有三樓。當時，霍金還能自己住，也還能照顧自己。然而，想上個洗手間，他得拉著繩索欄杆爬上樓梯，跟在攀岩一樣。這得花個十分鐘左右，然而即使有人在一旁，他也會拒絕別人的幫忙。他會說：「這是個很好的運動。」

在當時，霍金竭盡全力地去忽略他的疾病，即使在旁人眼中，他的疾病已經很明顯地在惡化中。有一次，他與好友羅伯特（Robert Donovan）約好要一起吃晚餐。到場時，他的褲子是破的，臉上也有擦傷。很明顯地就是在來的路上跌倒了。羅伯特很擔心，希望他去看醫生。但是霍金不願意，他不要在身上貼藥布，甚至不要換衣服。他要像沒事一樣地去吃飯。所以，他們就那樣去吃飯了。

在與珍結婚之前，霍金住在劍橋大學的學生宿舍，實際上，那就是一座古老的大莊園，把內部隔出幾個房間而已。後院有一片大草坪與一座花園。有時候，人們會在那裡打槌球。霍金的房間有個陽台，剛好開向那個槌球草坪。非常具有維多利亞風格！

有一天，霍金的爸媽法蘭克（Frank）與伊索貝爾（Isobel）過來找他喝下午茶。他們兩位都是牛津的校友。畢業之後，伊索貝爾從事了一份她並不喜歡、而且算是異乎尋常去低就的工作：在一所醫學研究機構裡當祕書。然而，就是在那裡，她遇到了法蘭克。他是一位精通熱帶醫學的醫生，並開始從事該領域的研究。法蘭克希望霍金能追隨他的腳步，也成為一名醫生。在霍金的三個兄弟姊妹中，只有她的妹妹瑪麗（Mary）後來當了醫生，而霍金則是從來沒有認真考慮過這個職業。

在他父母過來看他的那一天，羅伯特也一起喝了下午茶。他是化學所的研究生，比霍金低一屆。他們倆第一次碰面的那天，就是羅伯特剛到劍橋的日子。羅伯特被分配到同一棟宿舍，但是房間鎖著，剛好又找不到人可以打開它。他看到草坪上有個人自己在那裡練著槌球，於是走過去找他聊天。他注意到那個傢伙走路的姿勢有點奇怪。而那個傢伙就是霍金，從此，開始了他們五十年的友誼。

一個小時左右之後，羅伯特得先告辭了，他還有功課要做。法蘭克跟著他起身往外屋外走。法蘭克一直都是一位有點疏離的父親，每年的冬天，他都會有幾個月的時間待在非洲，去進行他的醫學研究。不過，在霍金發病之後，他開始承擔起較為主動的父親角色。他甚至向夏瑪請求，希望能給霍金一些方便，讓他在死前可以提交他的博士論文。但是，夏瑪拒絕了。

法蘭克並不認識羅伯特，然而他跟著他走出屋外的理由是，他看得出來羅伯特與霍金是好朋友。「請幫忙照顧霍金，確定他沒事，」法蘭克說道，「若有什麼事，請通知我。」霍金跟在他們後面走出來。他很生氣。「我可以照顧我自己！」對著父親大吼道：「我如果需要幫忙，我自己會跟我的朋友說。你不用這樣。」

羅伯特點點頭，但是特意瞥了霍金的父親一眼，意思是：別擔心，我會照著你說的做。那時是一九六三年。羅伯特與霍金後來成為很親近的好朋友，幾乎就像霍金與珍那樣親近。羅伯特與他的妻子把他們第一個小孩取名為珍，而霍金與珍則把他們的第一個小孩取名為羅伯特。在未來的七年裡，他們倆有機會可以常常碰面，直到羅伯特去愛丁堡

（Edinburgh）工作為止，此後，羅伯特便留在愛丁堡發展。

儘管兩人之間的距離遙遠，儘管後來霍金非常出名，以及隨成名之後而來的許多要求與累贅，這些傷害了很多的人際關係，但羅伯特與霍金仍是彼此最好的朋友。霍金很喜歡去愛丁堡，而羅伯特則隨時可以因家庭聚會而回到劍橋，這可以是因為霍金的某個有名的宴會，或只是因為霍金說想看看他。後來，很多年過去了，當霍金的身體喪失活動能力之後，對羅伯特而言，那個令人愉快的下午茶情景，仍然歷歷在目。它總能讓他回想起，霍金的身體還跟得上他的精神的時候。

霍金的父親於一九八六年過世，他的母親則在二〇一三年辭世。在羅伯特還在劍橋的那七年裡，他從未覺得有對法蘭克拉警報的需要，即使在往後數十年的相處時光，霍金也從未在羅伯特面前表現出任何值得擔心的異樣。直到二〇一七年的一個晚上。十二月，對大學城來說，是寒冷且陰暗的月份。那時的霍金已經與珍離婚超過二十年了，不過他還是常和羅伯特碰面。那晚，他們正準備外出到大學裡吃晚餐，霍金開始對著他的語音合成器打字。

「我想……」他說道。

就只有這幾個字。霍金還繼續在打字。羅伯特只好等著。五、六分鐘過去了。這些字好像永遠出不來一樣。終於，霍金把想打的字打完了。

「我想，我剩下的時間不多了。」他說。

羅伯特嚇了一跳。霍金看起來不像生病的樣子。為什麼他要這樣說呢？就像數十年前霍金摔倒的那一晚一樣，羅伯特建議他去看醫生，或至少待在家裡，休息一下。但是霍金不願意。他想出去吃晚餐。所以，他們還是一起去吃了晚餐，而那就是羅伯特最後一次與霍金相聚的時光。

第四章

宇宙如何開始？我們為何存在？

對於那些已經失去大部分肢體感官樂趣的人來說，他們會更加珍惜還剩下來的感官感受。一次肢體的碰觸，一首交響樂，一道香氣，一盤美食。用餐對霍金來說，永遠是件重要的事。然而，它們也是一段「連結」的時刻。就沉浸於抽象數學世界的人來說，用餐時刻是一個讓他們可以暫時回到現實人間的缺口。然而，即使是在用餐時刻，這個缺口也不會出現在霍金敏銳而熱切的思考過程中。如果他看待物理的方式，有如他看待人性的那份戲謔與調皮的話，那麼他處理人性的方式，也會有如他在物理學裡所展現出來的睿智。

有一次在吃晚餐時，那時霍金還在攻讀他的博士學位，他發現自己和一位來自南非的工程師一起在三一學院裡的一張桌子用餐。這位工程師剛剛來到劍橋。然而，如果他和我一樣，對於劍橋大學，特別是三一學院，這個牛頓曾經在此做研究的聖地感到讚嘆的話，他就會把這些感覺放在心裡。然而，他所做的卻是滔滔不絕地說著南非有多麼先進。根據他的說法，此時正是他祖國的輝煌時期。

霍金從來不是一個會把他的想法放在心裡的人。在他成名之後，有一次，他應邀以貴賓的身分，到柏林觀賞一場當代的歌劇《蝴蝶夫人》(*Madame Butterfly*)。結果該場的演出水準平平。歌劇落幕後，主角高興地接待霍金並問道：「霍金教授，您覺得這場演出如何？」霍金回答：「它不算很好，對吧？」主人對於這樣的答案一時有些驚訝，不過，他隨後回答：「是的，我同意。」

這位南非工程師的發言，說不上是好還是不好。他只是長篇大論地表達了個人的意見。然而，這引起了霍金的注意。他在心裡有些想法，也不打算把這些想法憋在心裡。他問這位工程師：「黑人呢？」

「他們不真的算數。」這位工程師回答。在一九六〇年代，這樣的回答沒有什麼特別之處。

霍金又問：「為什麼他們不算數？」

他回答：「因為他們無法照顧自己。」接著他提到種族隔離政策。他說：這個政策有效，而且是有需要的。

霍金並沒有去爭論，而是持續地問他問題。他沒有去反駁這個人的信仰，而是以蘇格拉底式的問題來挑戰他的這些信仰，以很樸直的方式，迫使他自己看清自己所說所言的真實含義。

這位工程師以他所「知」為真的內容開始談話。在這之前，他從未仔細審視過這些內容。然而，透過這段餐桌上的談話，霍金讓這個人開始去探索自己的信仰，一個顯然他未曾有過的探索經驗。在談話結束之際，這個人的心開始覺得慌了。現在，他已經被迫重新去思考他原本關於種族隔離政策、關於黑人的本質等信仰的基礎。他質疑起自己了。

曾經有一位物理教授對我說：「如果你喜歡問問題並尋找答案，那麼請成為物理學家；如果你喜歡學習答案並去運用它們，那麼請去當工程師。」這當然是一個很通泛的說法，然而這也點出了這兩個領域所特有的哲學與心理：你是一個較傾向於學習與運用知識，或是質疑與創造知識的人？對於引導這位工程師的那些問題，霍金只是做他自己而已，當你在質疑自己或他人的一些信仰時，總會出現一些重要的發現，這不只是對人生而已，在物理學裡也是如此。

這位工程師看待自己的國家，就如同大多數的人仰望夜晚的天空一樣，夜晚的天空就是由各個星座上的許多白色點點，漂浮在廣闊無際而且不特別重要的黑色海洋上。透過發問，霍金帶領我們，也包括他的物理學家同事，去看到這些白色點點以外的東西。在眾人讚嘆於恆星與星系之餘，霍金問：在恆星與星系之間的空間是怎麼回事？空間從何而來？整個宇宙是如何開始的？若想了解我們之所以存在的意義，這些都是最為基本的問題。然而，在霍金剛開始攻讀他的博士學位時，世上很少有人在問這些問題。

那時是廣義相對論與宇宙學的低迷時期。物理學界對於宇宙創生問題興趣缺缺，也是不難理解的，因為物理是一門實驗的科學，而宇宙的起源則是一個我們無法直接觀測的現象。由於從遙遠星系傳播過來的光，要花上一段時間才能抵達地球，因此觀察這些光可以讓我們了解宇宙的過去，但卻還是不夠久遠的過去。在一九六〇年代初期，沒有人知道該如何去測試關於宇宙起源的理論。由於這些難解的議題，物理學家傾向於把宇宙學視為是偽科學，或是無法透過實驗驗證的「數學遊樂園」。在一九六四年意外發現從大霹靂時殘留下來的餘暉，也就是我們現在所稱的宇宙微波背景輻射，整個學界的情況才開始改變。這是霍金到劍橋讀書一兩年之後才發生的事情。

當時的另一個難題是，科學界很難理解愛因斯坦的理論究竟做了怎樣的預測。跟大多數的物理理論一樣，愛因斯坦提出的只是一個數學模型，以及如何描述與應用這個模型的規則。如果你想了解這個理論對於某個特定系統的含義，你需要根據這個數學模型去寫出這個系統適用的方程式，然後去求解，或至少得求出近似解。在大多數的情況下，求解愛因斯坦方程式都是一項艱巨的工作，因此，今日的我們都是靠著超級電腦來研究這些方程式的含義，然而與霍金當研究生的那個時期相比，那時的電腦計算能力簡直是小巫見大巫。

由於這些現實上的困難，在霍金剛到劍橋的時候，在做廣義相對論和宇宙學研究的人主要是數學家，他們的研究與現實是脫節的，所提出來的宇宙模型也都不切實際。他們自己雖然忙得不亦樂乎，但圈外人並不太把他們的研究放在心上。這些品質低落的論文，讓費曼（Richard Feynman）這位來自加州理工的著名物理學家，於一九六二年在波蘭首都華沙參加一場以重力為主題的研討會時，在寫給妻子的家書裡有這麼一段：「因為沒辦法做實驗，所以這不是一個活躍的領域……這裡有一大群草包，對我的血壓很不好：聽著他們煞有介事討論一些空洞而且沒有意義的事，讓我忍不住跟他們吵了起來……」

大多數的物理學家都認為宇宙的起源問題是個死胡同，但也正是這些問題讓霍金心生嚮往。因此，他不但不覺得氣餒，反倒認為這個有如一攤死水般的領域是個優點。對他而言，這個領域並不是「死水」，而是可以由他激起「漣漪」的一攤水。

對非科學家而言，理論物理學家的主要工作似乎是在解決問題。然而，與解決問題相比，更重要的是提出問題，因為你提出來的問題，會決定你所找到的答案。你所問的問題，既反映也決定了你看待世界的方式。霍金有個本事，他很能忽略稍後會變得無關緊要的問題，也能很快地掌握問題的核心。他能很直覺地就提出對的問題，而且對於別人假設的可疑之處，可以一針見血地質疑。因此，霍金被視為是一個叛逆而且特立獨行的人。對他來說，這是個很自然的角色：他無視傳統的智慧，就像他無視馬路上的速限，以及醫生對他的醫囑一樣。在馬路上，他開車橫衝直撞，而他的物理就像他的車一樣，狂放不羈。然而，他一點也不魯莽輕率。在物理學裡，霍金自始至終，從還是一個研究生時他就已經知道，他要去哪裡，以及為什麼要去那裡。

質疑固有的假設及信仰

物理應該是一個理性與邏輯的領域。它們也的確是重要的一部分，然而，為了能做出合邏輯的推理，你必須要先有一個思想架構，藉此來定義你的假設，你將要使用的觀念，以及你想要解答的問題。對於這樣的一個理論架構，無論是從其他人、從歷史，或從他們過去的認知所繼承而來，人們通常都直接接受，從未去質疑或是小心地檢視過它。

對於霍金的大哉問：宇宙是怎麼開始的？（How did it all begin?）兩千多年來，人們對於這個問題只有兩個假設，一是宇宙是永恆的存在，而且自始至終都沒有任何改變，另一個想法是，它是在某個瞬間被創造出來的，例如，就像聖經所描述的那樣，而從那時開始，宇宙就維持著這個面貌。[7] 哲學家與科學家，從亞里斯多德到康德，甚至包括牛頓，

7 所謂的「沒有改變」是指在宇宙的尺度下。顯然，在小尺度裡的一些變化是大自然的一部分：行星的軌道，岩石的掉落，以及人的出生與死亡。

都相信這樣的假設。

牛頓應該是多知道一些事情。眾多的星系與恆星，在萬有引力的作用下，彼此之間互相吸引，如何能維持在一個固定的狀態呢？所有的物體終究不是應該都會聚集在一起嗎？而且，因為「永遠」是一段很長的時間，所以到了現在，宇宙中所有的物質應該早就擠成一團，變成一個密度很大的球了？牛頓其實知道這個問題，但他選擇不去深究，他告訴自己，如果宇宙是無限大，那麼擠成一團的事就不會發生。然而，這是錯誤的。在牛頓之後，有些人試著要修改他的理論，而把重力改成在遠距離會成為排斥力，透過數學上的修改，讓重力在行星軌道這種短距離尺度不會有什麼特別的效應，但在大尺度的範圍則會防止宇宙發生坍塌。可惜他們都沒能成功。即使連愛因斯坦都加入這場遊戲。他在他的廣義相對論方程式裡，額外增加了一個「反重力」項，稱為宇宙常數，用來提供防止宇宙收縮所需要的排斥力。[8]

所有傑出的哲學家、科學家都被誤導了，理解到宇宙正在改變中、膨脹中、演化中是二十世紀最為顯著而重要的發現之一。這要歸功於美國的天文學家哈伯（Edwin Hubble），這位曾在印第安納州新奧巴尼（New Albany），教過西班牙文以及擔任過籃球教練的高中老師，稍後決定到芝加哥大學攻讀博士學位。

在畢業之後，哈伯很幸運地在一九一九年到位於加州理工學院附近的威爾遜山天文台（Mount Wilson Observatory）工作，那時天文台剛剛安裝好一部新的望遠鏡。當時，主流的看法是宇宙是只有由銀河系（Milky Way）所組成。稍後於一九二四年時，哈伯發現，天文學家在觀測星雲時所看到的一些斑點，其實是由更遙遠的星系所組成。星雲是遍布在恆星之間的白色雲狀物。那些看似為星雲，實則為遙遠的星系，似乎拓展了威爾遜天文台所能看到的最遠距離。我們現在知道，它們其實還可以把這個距離延長得更遠。

由於恆星是熱的，所以大氣中的原子是處於高能量狀態。這些能量有一部分是原子內電子的動能，另有一部分是儲藏起來的內能。量子力學告訴我們，在軌道上運行的電子只能具有一些特定的能量。當電子由高能階躍遷到低能階時，原子會放射出某個頻率的光，而這個頻率取決於這兩個能階之間的能量差。然而，每個元素都有一組獨特的能階。結果就是，由氫、氦與其他元素所放射出來的光，各自有一組特殊的頻率。這組光譜線就像「指

8 宇宙常數只有在很大的尺度下才有作用。以當時科技的測量能力而言，這個常數的引入完全沒有任何影響，因此，是否要引進這個常數，完全取決於愛因斯坦個人的自由選擇。不過，這個情形在一九九八年時改變了：這個常數必須出現在方程式裡。

紋」一樣，可以用來判別它是來自哪個元素。天文學家就是利用這些指紋，來判別彗星、星雲或是其他不同種類的星體的組成。

在威爾遜天文台的那些年，哈伯注意到，從遠方星系所觀測到的光譜線，與位在地球上的原子所發射出來的光譜相比，出現往低頻方向偏移的情形，也就是朝光譜的紅色端偏移。他還注意到，距離愈遠的星系，「紅位移」的程度愈大。

從奧地利物理學家都卜勒（Christian Doppler）於一八四二年首先探討的一個現象，這個光譜頻率的紅位移現象，激發了哈伯的想像力。都卜勒發現，你現在所觀察的光的顏色，取決於光源與你之間的相對運動。如果光源離你而去，你所看到的光會略顯紅色；如果光源朝你接近，光的顏色則會偏藍。考慮都卜勒效應，哈伯的觀測資料顯示，宇宙中的星系正遠離我們而去，而且，距離愈遠的星系，遠離的速度愈快。由此可以得出一個驚人的結論：宇宙不僅比我們所能想像到的還大，而且它還在膨脹變大中。

天文物理學家有時候會以「葡萄乾麵包」做比喻，來解釋哈伯的想法。在我開始解釋這個想法之前，有一個重要的觀念需要先釐清：這裡所說的宇宙膨脹，跟砲彈爆炸是不一樣的。砲彈在爆炸時，向外劇烈膨脹的熱空氣以及射向四方的炸彈碎片，都發生在一個原本就已經存在的空間裡。然而，在宇宙之外，沒有「外面」。當物理學家說「宇宙在膨脹中」，我們的意思是說空間本身「從內部」在變大中：假設你隨便挑兩個點，在這兩個靜止的點之間的距離，會隨著時間而增大。

葡萄乾麵包的比喻是這樣的：想像你身處在一個均勻布滿了葡萄乾的麵團裡，這個麵團代表著三維空間，葡萄乾則代表著星系團。這個模型有個缺點：空間是有邊界的，也就是麵團外圍的表面。空間是沒有這個邊界的，不過以比喻的目的而言，這個差異不是那麼重要。現在，讓這個麵團繼續發到最初半徑的兩倍為止。從你的位置來看，這個葡萄乾本來在離你一吋遠的地方，現在變成了在二吋遠處。在這個設想的場景下，一個最初在離你三吋遠的葡萄乾，會變成在六吋遠的地方。而它移動這三吋距離所花費的時間，與先前那個移動一吋的葡萄乾相同。同樣的道理，若有一個最初離你五吋遠的葡萄乾，在這段相同的時間裡，它將會移動五吋遠。在這個麵團因烘烤而持續膨脹變大的過程中，所有的葡萄乾都會遠離你而去，而且離你愈遠的葡萄乾，遠離的速度愈快，甚至速度會快到讓你看不清楚它。

一九二九年，也就是達爾文開始提出他的生物演化論之後約一個世紀，哈伯發現宇宙也在演化中。然而，認為宇宙是永恆不變的觀念並未輕易地消失。物理學家很擅長的一件事是，編造一些理論來拯救他們原有的成見。最著名的一項工作是霍伊爾提出的穩態理論。追隨這個理論的信徒，對於遙遠的星系正遠離我們而去的看法，沒有異議，不過他們的理論假設是，新的物質正持續被創造出來，隨著宇宙的膨脹，一直有新的物質填入新的空間中，因此宇宙的整體密度仍維持不變。透過這個方式，在宏觀的宇宙尺度下，整體宇宙是維持恆穩不變的。

在當時，穩態理論的最大競爭者是大霹靂理論（Big Bang Theory）。霍伊爾雖然不想和這個理論有任何關係，但是他卻得為這個名字負責。一九四九年，霍伊爾在接受ＢＢＣ廣播電台的訪問時說道：「這個假設是說，宇宙中所有的物質是在遙遠過去的某個特別瞬間，經由一場大霹靂而創造出來的。」有人認為，他是用這個詞來諷刺這個理論。他否認這樣的說法。但不管怎麼說，大霹靂這個名字就此留了下來。

如果某個理論引起眾人的興趣，物理學家最先會做的幾件事之一就是幫它取名字。衡量大霹靂理論最初沒有受到重視的一項指標是，從它被提出來之後經過了大約二十年才有名字。發明這個理論的人是一位聰明的比利時神父與物理學教授，他的名字是勒梅特（Georges Lemaître）。他從研究愛因斯坦的方程式開始，在一九二七年時提出：宇宙必定正處於膨脹狀態。這比哈伯實際觀測到的宇宙膨脹證據還早了兩年。接這，勒梅特又注意到，如果宇宙正在膨脹中，那麼在過去，它的尺寸一定是比現在小，而且回溯到愈久遠的過去，它的尺寸就愈小。他在一九三一年時結論道：在過去的某個瞬間，宇宙的大小必須等於零。換句話說，所有宇宙的質量必須全部集中在一個單一的點裡面。他把這個點稱為「原始原子」(primeval atom)。

大霹靂理論似乎隱含了存在一個「宇宙創生」的瞬間，然而，聰明的物理學家再一次地找到一個方法，來避免這樣的結論。他們發明一個大霹靂理論的版本，在這個版本裡，宇宙在回到過去的時候，物質不是收縮成一個單一的點，而是收縮到一個小體積裡，因此，隨著時間倒移，物質的質點可以像滑冰那樣穿越彼此。如此一來，從四面八方收縮回來的質點，不是變成一個點，而是在擦肩而過之後又彼此遠離。那麼，這將是一個永恆的宇宙，只不過它是以不斷地重複收縮與膨脹的過程而存在著。在霍金剛去劍橋讀書的時候，對於穩態宇宙的信仰，以及各種不同版本的大霹靂理論，彼此對立著——至少對那些完全沒去思考這個問題的物理學家而言是這樣。

有一次我提到宗教問題，霍金跟我說，他不「介入」形上學的討論。跟哲學家一樣，霍金喜歡探討大問題，然而他希望透過科學來做探討，因為他知道這樣做要困難得多。在科學裡，光是推理是不夠的。在哲學裡，你可以隨心所欲地去創造理論。但在科學裡，有實驗可以證明你的對錯。霍金覺得，從牛頓到愛因斯坦以來的科學家，讓他有些失望，由於他們自身的哲學與宗教信仰，引誘他們產生一些不受理論或實驗支持的物理想法。因此，他質疑「宇宙是固定不變的以及永恆的」這兩個信仰。另一個同樣重要的質疑是，當時大家普遍的信仰是，這根本不是一個重要議題。

從跟別人不同的方向出發

在劍橋大學的檔案室裡，收藏著霍金的博士論文，題為：《膨脹宇宙的性質》（*Properties of Expanding Universes*），上頭蓋有日期印戳一九六六年二月一日。那時的他是二十四歲。論文的開章寫著：「本文探討了膨脹宇宙的一些含義與後果……」這些是由珍幫忙打字的，因為霍金在那時已經無法做這些事了。接下來有四個章節，其中包括一些打叉刪除的段落，以及手寫的方程式。最後一章，約有二十頁，就是讓霍金在同行中享有盛譽的那一章。

霍金在一九六二年十月進入劍橋大學。在頭兩年的博士班生活裡，他結交了幾位終生的好友，同時也結婚成家，但在物理上，卻還處於漂泊狀態。他投身於廣義相對論的研究，試著解決幾個他與他的指導教授夏瑪都認為重要的問題，但並沒有什麼重要的發現。

這些問題，主要寫在他論文的前三章，內容平凡無奇。它們是對一些主題的獨立數學分析，內容還算有趣，主要是從數學的角度，去批判霍伊爾的穩態理論。然而，這些工作有些漏洞，留有一些尚未回答的問題。除此之外，光憑這些章節，還不足以讓霍金取得博士學位，而且一定無法讓他成為名人。然而，要感謝霍金愈來愈熟悉一位三十三歲數學家的研究工作，他就是潘洛斯（Roger Penrose）。霍金的論文加了第四章，與另外三章的關係不大，而這就是即將讓霍金生涯起飛的那一章。在一九六五年一月，霍金聽說了潘洛斯的研究，那時他在倫敦的國王學院（King’s College）舉辦一場研討會。霍金比潘洛斯小十歲，也出席了那場研討會，但不巧的是，他剛好沒去聽潘洛斯主講的那一場。所幸，他從劍橋大學研究室室友卡特（Brandon Carter）那裡聽說了潘洛斯的研究。

如果，在宇宙的故事裡，考慮把所有物質拉向所有其他物質的吸引力是一件重要的事，那麼另一件同樣重要的事就是：恆星的故事。例如，可能會有人懷疑，恆星不會因為自身巨大的萬有引力而崩陷（collapse）？這個問題的答案是因為恆星內部的核反應。核反應提供恆星熱能，賦予組成恆星的氣體分子一個膨脹的趨勢，平衡了因重力吸引而產生的壓縮效果。潘洛斯在那場研討會所討論的內容是，當一個巨型恆星耗盡它的核燃料之後，開始冷卻下來的事。此時，這個垂死的恆星會因它自身的重力吸引而崩陷。

潘洛斯理解到，恆星的崩陷是一個複雜而混亂的過程，而且未必會維持原本優美的球形對稱。由此得出的推論是，會有兩種可能的崩陷劇本。首先是大霹靂理論的「懷舊」版本，亦即質點會如滑冰般彼此錯身而過：當恆星在崩陷時，它的所有組成都會朝著中心掉落，但不會全都精準地掉向同一個點。它們可能會像賽跑一般，彼此超越對方，從而開始一個新的膨脹階段。另一個可能則是，儘管這是一個混亂的崩陷過程，但是所有的組成分子全部都會精準地瞄向球心掉落，在那裡，所有的質點全都會擠壓到一個單一的點，形成一個物質密度無限大的點。

潘洛斯最終證明出來，第二個劇本正是愛因斯坦方程式所要求的解答。稍後在一九六九年時，物理學家惠勒（John Wheeler）以「黑洞」（black hole）來稱呼這一類死亡的恆星，也就是會在中心點位置形成一個密度無限大的死亡恆星。然而在一九六五年的時候，人們對這個議題的興趣還不足以讓它有個大家都接受的名字。

當某個點的物理量為無限大時，物理學家稱這樣的點為奇異點（singularity）。物理學家不喜歡奇異點，因為我們不喜歡無限大。我們不喜歡無限大是因為，雖然在數學上可能存在無限大，但是真實的世界裡不會出現無限大。所有我們測量的東西，都不會出現無限大，因此如果有理論預測出奇異點，那麼這個理論一定是錯的。

作為變通的辦法，物理學家試著要替這個奇異點找到一個表示方式，來讓大家可以就此討論。他們設想了幾個方案。其中之一是指出，愛因斯坦的理論不是一個量子理論，所以在恆星崩陷的過程中，當它的尺寸小到某個程度時，在沒有量子修正（尚未發明）的情況下，愛因斯坦的理論自然是不適用的。這個修正會消除奇異點嗎？我們不知道。另一種說法是，因為我們無法看到黑洞的內部，所以這個奇異點是永遠被隱藏起來的、是不可觀察的，因此可以不必在意它的存在。這個說法聽起來很合理，但是事情並沒有這麼簡單。黑洞可以旋轉，而且根據一些只有少數內行人才懂的複雜計算顯示，黑洞的旋轉可能會暴露出奇異點。因此，關於這個說法，至今仍然沒有定論。

霍金加在論文後那著名的一章，完全與這些問題無關。當潘洛斯的研究激發了很多的理論學家，開始去思考黑洞的問題時，一如往常，霍金還是從跟別人不同的方向出發。恆星因重力作用而崩塌的理論，對他而言只是大霹靂理論的「反向版本」而已。如果你讓時光倒流，我們這個宇宙就像是潘洛斯所描述的那樣，是由某個恆星崩塌而成的巨型黑洞？他能否藉由潘洛斯的數學方法，得出即使連愛因斯坦都沒能想到的獨特見解？他能否證明，根據愛因斯坦的方程式，大霹靂是必然已經發生的事件，而不是另一個會無限膨脹與收縮循環的「懷舊」版本？

就跟伽利略一樣，他拿了一個原始的小型望遠鏡，改良它的光學系統，然後拿著它望向天空，霍金則是拿了潘洛斯的數學方法，把它拿去研究宇宙學。基於他論文的第四章，以及兩年後與潘洛斯合作的後續工作，霍金的名聲很快就超越了他的指導教授夏瑪，最終也超越了他原先期望的指導教授人選霍伊爾：他證明了，奇異點與大霹靂的種種都是廣義相對論下的必然結果。宇宙不存在膨脹與收縮的循環。宇宙曾經有個開始，而且在那個瞬間，雖然物理學家都不喜歡它，但是宇宙在當時是被包裝在一個體積為零的空間裡。至少，根據愛因斯坦方程式，這些結論是必然的結果。

大約在霍金從事這些理論工作的同時，實測天體物理學家也開始發現到大霹靂的實驗證據。根據核子物理學，我們已經知道，在大霹靂發生之後的第一分鐘裡，那個極端的高溫與高壓，會使氫的原子核（質子）融合在一起，而形成氦核。詳細的計算顯示，我們可以在每十個氫核之中發現一個氦核，而且天文觀測數據也證實了這一點。大霹靂理論也預測了，當時的某些輻射可以殘存至今，也就是所謂的宇宙微波背景輻射波。在霍金論文發表的兩年之前，也已經發現了這一點。然而，從數學上證明大霹靂是愛因斯坦方程式的必要條件，則是霍金的成果，這是他在物理的世界裡初試啼聲，而且一鳴驚人。

第五章
超越時空的想像力

距離我上次搭平底船遊康河，已經又過了幾個月。我又再次來到劍橋。從我一來，我們就開始工作了，只不過進度很緩慢。今天一大早，霍金便很不尋常地寄了一封電子郵件給我。郵件中有一個建議出乎我的意料之外，所以我急著希望能找他討論一下。到目前為止，關於要在書裡討論些什麼內容，我們已經有了共識，可是在他這封郵件裡，似乎只關注某個重要主題。

當我爬完樓梯，走向霍金的辦公室時，我可以看到他的門是關著的。現在，我已經知道那是什麼意思了。所以，我決定在走廊上稍微逛一下。我仔細地看著在他研究室門口左側那個綠色黑板，感覺它真是一個錯置時代的存在。整體而言，這是一棟相當現代的建築：研究室的門是黑色的，上面是金屬的水平門把；紫色的牆壁，上面有亮黃色的布告欄，張貼著即將舉行的研討會公告。然而，在這個白板的時代，那片沾滿灰塵的黑板就顯得有些落伍。學生們在黑板上留下的塗鴉也是一樣老套，那是所謂的時空圖（space-time diagram），用來幫助物理學家想像廣義相對論所討論的過程。這些圖已經算是古董了，它是由愛因斯坦的一位老師閔考斯基（Hermann Minkowski）於一九〇七年所發明的一種圖形。

這不禁讓我想起閔考斯基。一個世紀以前，他在蘇黎世工作，他腦袋裡有一個「好點子」，而且在他自己的黑板上塗鴉，把它表現出來。這個好點子後來啟發了愛因斯坦，在他的狹義相對論的數學計算中，需要平等地把時間與空間中的三個維度含括在一起討論。愛因斯坦的狹義相對論是一個重要的突破，然而閔考斯基才是賦予「時空」(space-time)一個正式意義的人，也就是我們今日所理解的「時空」的觀念。

我們都喜歡談論好點子、大創意。然而，在物理學裡，好點子只是一個開始，而不是結束。當你有一個點子時，任何的想法，在物理學裡的一個挑戰是，你必須把它的含義以及數學的細節都弄清楚，讓它們目前已有的知識體系關聯起來，並讓這個點子有意義。在時空的這個例子裡，它的意思是，當你討論到兩個物體的「距離」時，你必須把時間考慮為第四個座標。對於兩個地點之間的距離有多遠，是一個我們已經很熟悉的概念，但是關於A與B這兩個點，各自代表著一個地點與一個時間，又是怎麼回事？[9] 閔考斯基對於這個問題的數學解答，不是我們在此要討論的重點。重點是，他並沒有找到答案，不過，他

9 組成空間的點可以由緯度、經度和高度明確地標示出來。經由這些座標，你可以決定兩點之間的距離。時空是由「事件」(events)而來，也就是在空間中的點都需要再附上一個時間戳記，而兩個事件之間的間隔有多大，取決於它們之間的時間差，以及它們在空間中的距離。

對於距離的新觀念，是讓他的「時空」學說造成衝擊的重要理由。事實上，他的這個想法對於愛因斯坦稍後在發展廣義相對論時，扮演了一個關鍵性的角色。

閔考斯基在發表他的成果時說：「我希望向各位展示的這個關於空間與時間的觀點……是激進的。從現在開始，單獨的空間概念本身，以及單獨的時間概念本身，將注定要褪色成影子而已，而且，唯有把這兩個概念連結成一種新的整體，才能保留住一種獨立的真實。」他的預言成真了！

站在這個走廊上，看著這些景象，突然讓我意識到，每一次當我們想到閔考斯基的時空觀念時，我們都會超越時空，在一個無窮無盡的思想層面上與他相遇相知。當我理解到霍金有著同樣尺度的影響力時，我全身起了雞皮疙瘩，想像著在一個世紀之後，有些物理學家在一些圖形與方程式之前，瞪大了雙眼，除了敬畏於他的想像力之外，也因此和霍金有著相似的連結。

與閔考斯基一樣，霍金讓相對論有了很大的進展。然而，霍金所取得的進展，未必是在愛因斯坦認同的方向上。在當時，愛因斯坦還不是很認同量子理論，而他的廣義相對論也與量子理論的原則互相牴觸。在之後的數十年，只有少數人投身在這個領域，因此這兩個理論之間的不相容，並沒有讓太多物理學家感到困擾。然而，霍金關於早期宇宙與黑洞的理論，讓量子力學與廣義相對論可以同時運用在同一個領域裡，透過這些方法，他示範了結合這兩個理論的可能性，也為相對論物理學開啟了一個新的方向。

廣義相對論與量子理論是人類智性上的兩大瑰寶，不僅優美，而且有耀眼的成就。這兩個理論不僅形塑了今日的科技，也塑造了物理學家對於自然的理解。然而，它們不可能二者全對。它們互相牴觸，彼此矛盾。隨著我愈來愈認識霍金，愈來愈了解他的個性，我理解到，調解互相矛盾的理論與觀念，是他非常拿手的一個強項。對他而言，調解矛盾，就像遷徙對候鳥而言一樣，都是很自然的事。畢竟，他的人雖然是活著，卻也像是已經死了；他既非常有威力，卻也非常無力；為人勇敢，但也很謹慎。就霍金而言，矛盾不只是生活的哲學，而是他的生命本身就充滿了矛盾。

每分鐘六個字的等待遊戲

在我等著霍金研究室的門打開時，我想到很多需要他和我一起討論的材料，以及我們相處的時光是如何地悄悄流逝掉，例如等著霍金的話語慢慢從機器流出來。這個溝通上的瓶頸是你必須去適應的：坐在那裡，等著他挑字、組句把話說出來。

在他被確診之後的頭二十年，霍金逐漸喪失了他的口語能力。到最後，只有少數人可以聽得懂他說的話，他們是：珍、索恩、羅伯特，還有他的幾位博士班學生。他們就像他的翻譯一樣，只要他們不在場，他便無法和人溝通。然而，在一九八五年時，霍金感染了一場嚴重的肺炎。那一年他四十三歲。他有好幾個星期都必須仰賴呼吸器才能呼吸，每次當醫生試圖把呼吸器移開時，他便會窒息。醫生告訴珍，氣管造口術是唯一能讓霍金活下來的方法。他們解釋，這是一個不可逆轉的手術，也就是說他將永遠沒辦法再開口說話。霍金當時病得很重，根本沒有能力去決定是否要動手術，因此由珍做了決定。她簽了手術同意書。霍金後來康復了，然而在那之後，他唯一的溝通方式就是透過拼字卡。由一個人去指著拼字卡上的字母，霍金則會揚起眉毛，表示那是他想選的字。

霍金雖然活了過來，但感覺卻像是死了一樣。他覺得很難接受這個手術的必要性。他對於珍同意這個手術，感到非常生氣。在他無法和外界溝通的那段時間，是他在確診罹患漸凍人症之後，首次感到沮喪，心情低落，陷入深深的憂鬱裡。

大約在一年之後，他當時的一位助理朱蒂（Judy Fella）在ＢＢＣ上看到一則關於電腦程式如何幫助嚴重殘疾人士的報導。她循線找到了這位發明家，不久之後，霍金便被配備了一套通訊設備系統，而這套系統也將在他往後的人生裡，一直伴隨著他。有了這項新科技之後，對他而言，寫出一個句子就像是在打電動玩具一樣。螢幕上有游標在移動，他可以透過臉頰上的肌肉，控制眼鏡上的感測器來選擇他想要的字母或單字。當他完成一個句子之後，他會點選電腦上的某個圖示，然後他那著名的電腦語音便會讀出他剛剛所寫的句子。在他順手的時候，他每分鐘可以說出六個字。速度雖然不快，但至少他已經能夠溝通了。而且，他不再需要有一位翻譯隨侍在側。這個意思是，在這麼多年之後，他第一次可以和任何一個他喜歡的人私下交談。

我對這個「每分鐘六個字的等待遊戲」有過一些經驗，最初是在加州理工學院，那時我們正在合作《新時間簡史》，以及稍後在構思《大設計》的寫作計畫時。然而，我還覺得不習慣。這個等待時間有時候是一分鐘，有時則是五分鐘，甚或十分鐘。最初，我會胡思亂想。稍後，我學會了放鬆，讓自己在那幾分鐘裡進入一種半冥想狀態。然而，在寫《新時間簡史》時還好，但到了寫《大設計》時則變得讓人很受不了。我根本就靜不下來。

在寫《大設計》的時候，我學會利用霍金打字的時間來思考手上的一些議題。我也學會像這樣慢速的思想交流或交談，其實是有價值的。它可以讓我想得更深入一些，對某些議題，可以考慮得更周全一些。比起一般正常的談話，很多的話都是脫口而出，根本來不及思考。有時我會想，每個人都應該以這種方式來交談。另外有些時候，我則是覺得，沒有人應該被迫以這種像是在沼澤裡面走路的方式交談。

隨著我們愈來愈熟，我們的互動方式也跟著有些變化。我學到了霍金最重要的溝通方式，並不是透過電腦所打出來的那些字句。就像盲人會發展出敏銳的聽覺一樣，霍金也逐漸發展出一種強大的非口語溝通能力。他的一些親近朋友都知道如何利用這個特點來和他溝通，例如說一些含有煽動性或引導性的言論，然後再觀察他的反應。在說話的同時，也注意觀察他的反應，朋友們便能間接地知道他的心意，從而修改發言的內容，這就像物理學家是透過觀察光的散射圖形來研究原子的行為那樣。在必要的時候，霍金會插入一兩個字或句子，然而，他最有威力的溝通方式是透過他的臉部表情，他可以透過眼睛、眉毛與嘴巴等細微的表情變化，把他的感覺傳遞出來。有些表情，例如他的鬼臉，是很明確的，有些則是細微的表情。有時候，你會覺得你懂他的意思，但是卻不清楚他是怎麼讓你理解的。這是一個特別的語言，只有當你和他足夠親近時，才能自然學會，就像在他進行氣管造口術之前，只有那幾位親近的人，可以聽得懂他那口齒不清的語言一樣。對霍金而言，語音只是談話時的調味料，而不是那塊肉。

在《大設計》中討論哲學問題

霍金的門還是關著。它已經持續這樣關著一段不短的時間，而我也開始覺得等得有些累了。我的眼光望向茱迪絲的辦公室，她歪著頭，用肩膀夾著電話，一邊很快速地對著話筒說話，同時翻閱桌上的一大疊郵件。

霍金的世界是一個瘋狂的世界。而且如果事情似乎開始安頓下來，他一定會找到一個方法，再把這種瘋狂提高到另一個等級。他對每件事都是如此，包括《大設計》。當我們合作寫完《新時間簡史》之後，我問他是否有意願再合作寫一本書，我的本意是希望把焦點放在他新近的物理研究上，而這也是我感到興趣一直有在追蹤的領域。即使我們就只有專注在物理學上，那麼就一本精彩而且具有啟發性的書來說，其實已經綽綽有餘了。然而，很快地，霍金就把這個想法擴大了。

他希望能在《大設計》裡談論他最新科研工作的哲學意涵。他告訴我說：「我想為理論物理學展示一套新的哲學。」這是一個相當大膽的目標。對此我還挺感興趣的，但也擔心我們別因太認真而陷得太深，因為，畢竟我們都不是哲學家。雖然我們不是哲學領域裡的專家，但從另一方面來說，希望向物理學家展示一個新的眼光來看待他們的工作，以及這些工作與世界的關聯，這個嘗試本身並沒有什麼錯，而且這本書裡的科學相關內容，的確也邀請了大家參與這樣的一個討論。

雖然知道霍金希望在書中添加一些哲學上的討論，但我在當天早上看到他寄過來的電子郵件內容時，還是感到非常驚訝。郵件內容包含了他建議加進書中第一章的一些文字。他的原文是這樣開始的：「我們如何能理解我們自己所身處的世界？宇宙是怎麼運行的？真實的本質是什麼？所有的這些都是從何而來？宇宙需要一位造物主嗎？」

然後他接著寫：「傳統上，這些是屬於哲學的問題，然而，現在的哲學已死……」這怎麼可能？我懷疑著，我們希望寫一本書來「向物理學家展示一個新的哲學」，但卻從宣告哲學已經死亡開始？

當我正在思考這個問題時，茱迪絲終於掛上了電話。她微笑著叫了我的名字：「早安！雷納！」雖然已經是下午了，不過還是回答了早安。我已經學會了要在正午與下午一點之間到那裡。

她招手讓我進她的辦公室。那裡塞滿了書和紙，還有很多箱子。箱子裡則是裝了更多的書和紙。某些書架上有《新時間簡史》的外文翻譯版，有很多陌生的語言是我都不認識的。誠如某一次霍金所說的，當《新時間簡史》出了塞爾維亞–克羅地亞語（Serbo-

Croatian）的譯本時，就知道這本書的銷量不錯。

茱迪絲對我的急躁表示同情。她說：「你一定是個聖人才能和他一起共事。」然後，她接著說：「看看這疊我必須要去篩檢的信件！每天都是這麼一大疊。你得看看這一封信。你會喜歡的！實在很有趣！」她遞給了我一封寫給「霍金教授」的兩頁親筆信，字跡工整，詞藻華麗。這封信的作者一開頭就寫：「筆墨難以形容您的書所帶給我的喜悅。您可能還記得我先前從倫敦寄給您的祝願卡，以及手工的松露……」在幾行之後作者接著寫：「我與物理的關係可說是愛恨交加。在二〇〇五年十二月二十五日那天，我在我當時倫敦居所的大門遇到了耶穌基督……耶穌當時拄著拐杖。他是一位金髮的年輕男人，額頭上蓋有牛橋（牛津／劍橋）的印章。他以心電感應的方式向我保證，一旦理解了祂的系統是多麼地簡單之後，我必定會覺得很驚奇，而且我也很快就能學會他治理這個宇宙的技術，或這至少是我們這個宇宙……」

我問茱迪絲，她是否會把這一類的信件給霍金看。「不會。」她說：「當我把他的時間花在這類事情上時，他會覺得厭煩。關機，置之不理。很多人會把自己的理論，或是關於外星人的信件寄過來。他覺得他們都是怪人。不過，我會幫他回信。我喜歡怪人。畢竟，寫這封信的這位女士，她所感興趣的主題，和霍金是一模一樣的。她想要了解這個宇宙的系統。」

的確如此，我想。如果我可以不需要去理解那些厚厚的、寫滿了數學公式的書，只透過拄著拐杖的耶穌，以心電感應的方式向我解釋那些書裡的內容，那該會是個多麼美好的宇宙。考慮這個心電感應的來源，如果我可以確信這個傳過來的理論是正確的，那該有多好！如此我們就不需要做實驗，也不用冒著信仰被揭穿的風險。我發現我竟嫉妒起寫這封信的女士。我想，當瘋子也是有好處的，至少從這個觀點來說是成立的。

接著我又想到，我「的確」擁有她曾有過的經歷，或者至少說是個變異版本：我有霍金。霍金對於宇宙系統的觀點，讓我感到驚訝，而且他的溝通方式也很神奇，即使稱不上是心電感應。他甚至帶有這個牛橋的標籤，雖然這個標籤沒有印在他的額頭上。最大的差別是，很遺憾地，霍金的理論沒有一個神聖的源頭，也無法保證一定是正確的。

霍金的門終於打開了。他已經可以見我了。我也準備好可以跟他碰面了。我已經來這裡一段時間了，但是當我走進他的研究室時，他並沒有招呼我。看護正用湯匙餵他喝茶，以及吃維他命。他的看護會把那根偷來的大湯匙放進杯子裡，加幾片藥丸，然後送到他的嘴邊。他會很熱情地張開嘴巴，然後她會把湯匙送進嘴裡。他習慣性的口渴，但更讓人擔心的是，他總是想著要吃那些藥丸。有一點太依賴這些藥丸了，我想。

什麼是真實？

霍金每天大約要吃八十片的維他命藥丸。每隔幾小時，他就要吃一次。在他肚子上有一個「胃造口」（PEG，正式名稱為經皮內視鏡胃造瘻），讓他的看護可以直接把流體食物送進胃裡。他大多數的維他命，都是透過胃造口餵食的。在早期，他的父親曾對他建議一個抗氧化劑的養身之道，例如葉酸可能對他會有些幫助。這其實只是一個毫無根據的猜想，而且到了五十年後的現在，仍然沒有任何證據可以證明這些營養補充劑有任何功效。起初我以為，霍金對這些維他命沒有很在意，他應該是認為反正也沒害處，所以寧可信其有，何不兩邊押寶吃吃看？這讓我想起一個關於波耳（Niels Bohr）的故事，這是物理學家伽莫夫（George Gamow）告訴我的。話說，這位住在丹麥小鎮提斯維拉（Tisvilde）、身為量子理論奠基者之一的物理學家，在自家的鄉間農舍大門上，釘了一支馬蹄鐵。曾經有位訪客問他：「像您這樣一位大科學家，您真的相信，在大門掛一支馬蹄鐵，可以給人帶來好運？」波耳回答：「不，我不相信。不過聽說，即使你不相信，它也有效！」

很快地，我就發現我錯了。霍金對維他命的態度，並不像波耳這樣輕鬆隨意。他很在意這些他要吃的維他命，甚至可用信仰來形容。這份信仰已經深到可以有依賴心理的程度。他的看護告訴我：他已經上癮了。

有一次，霍金到德州參加一個研討會，當時剛好覆蓋在冰島南部艾雅法拉冰蓋（Eyjafjallajökull）下的火山爆發（二〇一〇年四月）。所有北歐的空中交通中斷六日。霍金被困在德州，而且維他命也吃完了。他很驚慌，而且愈來愈沮喪。他曾表示，希望向熟識的西班牙親王費利佩（如今是國王）借用私人飛機，看是幫他把維他命送過來，或是把他載回歐洲去。然而，茱迪絲完全不予理會。她自己終結了這個想法。「誰會包機去送維他命？」她說。

霍金是這世界上身體最為脆弱的人之一。他不僅沒辦法自己進食，其他任何的生活起居，也都無法照顧自己。他脆弱、衰弱，而且由於慢性的胸腔感染，他的身體一年不如一年。儘管如此，他還是喜歡參加社交活動，參加宴會，以及到世界各地旅行。他也是一個勇敢的冒險家。例如他曾坐上「嘔吐彗星」，那是一架改造過的波音七二七飛機，由太空梭的跑道起飛，然後在空中藉由不斷的俯衝，讓追求刺激的人去體驗零重力狀態的感覺。他也曾經希望接受布蘭森（Richard Branson）的邀請，用火箭把自己發射到太空裡。然而，唯一真正會讓他感到害怕的是：維他命吃光了。

對霍金的醫生來說，相信這些維生素補充劑能夠維持他的生命，就像相信那些讀者寄來的奇奇怪怪的宇宙理論為真是一樣的。他雖無視那些理論，然而卻和那些理論的作者一樣，他們共同分享一個生而為人的基本需求，就是希望了解自身所處的位置，以及為自己的困境做一些掙扎。他的父親曾對他說過，這些藥丸可能是對抗他這個疾病的一個方法。在物理學裡面，霍金可以用數學來檢驗許多想法。但對於他自己的疾病，他並沒有這樣的選項，因此他只能緊緊抓住這個建議，擁抱這個處方箋——這個由深愛著他的醫生父親所給的遺產。

從霍金天生的懷疑性格來看，他對於那些維他命的迷信，似乎跟他的個性不合。然而，他並不是不開明。他曾經願意去考慮，至少是暫時願意去考慮，一些與已知事實沒有矛盾的其他理論。而且，當不同的理論以迥異的方式來理解這個世界時，並不會給他造成什麼困擾，就像廣義相對論與量子理論那樣。他可以同時接受這兩個不同的理論，而且隨著需要，在這兩個理論之間跳躍游移。就一個理論的品質而言，霍金主要的要求是，由它所做出來的預測，可經由觀察或實驗而被證真或證偽。霍金告訴我：「只要能與觀察相符，無論何種現實的畫面都是有效的。」

柏拉圖相信，透過數學明確而不變的法則，我們可以知道數學的世界，然而，我們永遠無法透過感官所感知到的內容，去對物理世界建立起真實的了解。霍金似乎同意柏拉圖的觀點，而且還把這個觀點又往前推進了一步。跟康德一樣，他認識到無論是我們對這個宇宙的感官認知，或是透過數學描述所形成的觀念，這二者都與我們大腦的結構有關。從這個觀點，大腦的本質決定了我們思考的方式，以及我們所能創造出來的想法與觀念。因此，霍金相信，科學家被迫只能透過某個特殊的方式來看待自然，因而理解力受到限制，只能理解某個範圍界線內的理論。所以，科學理論所描述的世界只存在於我們的心裡，至於去推論關於那個「客觀」真實的存在，則是毫無意義的。

在《大設計》中霍金最喜歡的一段，是我從網路上找到關於義大利一個小鎮的故事，該小鎮禁止寵物的主人把金魚養在弧形彎曲的魚缸中。動物保護人士顯然認為這是一件很殘忍的事情，因為彎曲的魚缸會扭曲魚缸外的世界。通常這一類的故事或傳說，會讓霍金微笑或翻白眼（因為覺得愚蠢），然而這個金魚缸的故事，剛好很貼切地說明了他想表達的一個重要觀點：我們對於物理世界的理解與知識。

牛頓教導我們，不受外力作用的物體會沿著直線運動。然而，光線在從空氣傳播到水裡時，路徑會發生偏折。這樣所導致的結果就是，在金魚缸外部以直線運動的物體，對於缸裡的魚來說則是在曲線路徑上運動。現在，讓我們來想像有一位「魚科學家」，牠想來寫下「魚缸以外空間」的運動定律。不難想像，這些定律一定會是和魚的經驗有關，因此，在不受外力作用的情況下，物體的運動軌跡會是曲線的。也許我們會覺得這個理論很奇怪，然而，魚缸裡的魚卻能對魚缸外的物體運動做出精確的預測。

假設有一條特別聰明的魚，創造出一個新理論。這個理論宣稱，物體在不受外力作用的情況下，會做直線運動。這條聰明的魚假設，這些直線之所以看起來會呈曲線，是因為光線在射進魚缸時發生了偏折。這第二個理論與前述的第一個理論，描述了相同的觀察現象，但是採用了不同的術語：第一個理論說物體是沿著曲線做運動，第二個理論則說，物體是做直線運動，但由於光線偏折的緣故，所以看起來像是曲線運動。

由於這兩個理論所做出的預測是完全相同的，因此有些科學家偏好第二個理論，有些則偏好第一個。或者，牠們可能同時接受這兩個理論，而依實際情況的需要，看看哪個理論比較方便，就採用哪個理論。甚至還會有「魚哲學家」開始提出論辯，去討論在這兩個理論之中，究竟何者才是「真實」。

身為人類的我們在閱讀這個故事時，會比較傾向於接受第二個理論。這是因為我們擁有「外部視野」。對於魚來說，我們就像是神一樣，創造了牠們的宇宙，並且生活在牠們根本無從得知的外部世界裡。然而，從魚的角度來說，由於牠們無法穿透這個玻璃魚缸，關於何者才是描述外在世界的最佳理論，是永遠無法有定論的。

霍金深信，我們自己的處境就像那些魚一樣。首先，人類心靈的構造就好比是那個魚缸，它限制了我們去理解這個世界的方式。其次，在近代物理裡，我們出現了愈來愈多的理論，就像那兩個魚的科學理論一樣，為正在發生的事情描繪了許多不同、甚至看起來是互相矛盾的圖像，然而，這些理論的預測又都經實驗驗證無誤。最有名的例子是粒子與波粒二重性這兩個圖像（理論），但是還有很多例子，至少可以回溯到哥白尼的時代。

在西元二世紀的時候，托勒密創造一個以地球為中心的天體模型，外圍有八個圓球，分別載有月球、太陽、恆星與行星。它們各自在自己的天球上，繞著一個稱為本輪（epicycle）的較小圓圈旋轉。透過這個方式，這個模型可以解釋我們從天空中所觀察到的各種複雜路徑。然而，在十六世紀的時候，哥白尼提出了我們現在較為熟悉的日心說模型。通常，我們認為哥白尼是對的，而托勒密是錯的，因為哥白尼讓我們知道，「真正」位於太陽系中心的是太陽，而不是地球。然而，無論是以地球為中心的模型，或是以日心說為模型，都可以描繪出我們在夜空中所觀察到的星象。從近代物理的觀點，這兩個理論都是有效的（valid）。日心說模型之所以較占優勢，理由是因為它比較簡單；但是這是實用性或是美學上的理由。

霍金認為，既然關於「什麼是真實？」的問題無法有定論，那我們就不應該浪費時間在這種問題上。他個人回應這類問題的方式就是一個鬼臉，就好像他被餵了一塊餿掉的肉那樣。就某種程度而言，如果某個理論做出的預測可經實驗證實，那麼我們就應該相信它。如果有另外一個理論，以不同的方式來看待這個世界，但做出來的預測也可經實驗驗證，那麼我們也應該要相信它。至於要採用哪一個「真實的圖像」，則取決於我們當下的目的。如果還有其他成功的理論，做了關於其他宇宙或維度的額外預測，但超乎我們的實驗能力，這也沒關係，而且我們也不需要去擔心那些宇宙或維度是否「真的存在」。這就是霍金的物理哲學。

雖然霍金宣告了哲學已死，但是透過這些議題的討論，他顯然有賣弄之嫌。他的想法完全符合哲學思辨的傳統：科學實在論（scientific realism）與反實在論。根據實在論，科學理論的工作是去精確地描述這個世界。根據反實在論，理論的工作僅僅是去組織我們的感官經驗而已。霍金對於真實的觀念，比較像是這兩種論點的混合體。因為這樣，我幫它起了一個名字，叫作模型相關真實論（model-dependent realism，又譯為依賴模型的實在論、模態實在論）。

霍金認為「名字」很重要，在物理學裡也不例外。譬如，他很欣賞「黑洞」這個名字，相較之下，如果你把它稱呼為「因重力而完全崩塌的物體」，人們可能就不會覺得那麼有趣，而這正是在惠勒脫口說出「黑洞」這個詞之前，人們偶爾會用來稱呼黑洞的名字。

為了要推銷我所起的這個名字，在那天早晨，我特地帶了一本科學哲學的教科書到他的辦公室，計畫在跟霍金辯論我的命名之前，先好好跟他討論一下實在論與反實在論的問題。不過，當我把書本拿出來的時候，從他臉上那副興趣缺缺的表情，我決定放棄我的計畫。所以，我把書本丟到一旁，直接脫口說出：模型相關真實論。他喜歡這個名字，就這樣，我們採用了這個名字。對我而言，這個名字的意思是，針對不同的應用，我們接受不同的理論，而且基於實務的理由，我們也接受不同的真實。有關霍金對於那些維他命的信仰，我現在的理解是，它是一個未經證實的模型，但也未經證偽，而對霍金來說，它所代表的真實是吸引人的。

哲學為什麼死了？

隨著霍金的維他命養生時光告一段落，我終於可以提出我的問題了。

「你為什麼要寫哲學已經死亡？」我問他。「它沒有死，」我接著說：「已經死亡的是所謂的『自然哲學』，而不是哲學。」

自然哲學是科學的前身，是哲學的一個分支，是一群學者以純粹推理的方式試著去了解大自然而建構起來的哲學。稍後發展出來的科學方法，是以推理加上實驗的方式來理解大自然，逐漸讓自然哲學被束之高閣。霍金很清楚這些來龍去脈，但是我還是持續陳述我的這些想法。

「我同意，科學可以幫我們更好地去了解這個宇宙，而哲學不行。」我說：「但是，生命中還有很多其他的哲學領域，譬如倫理學、邏輯學等等。還有很多不同學門特有的哲學，譬如數學哲學與物理哲學。這些哲學的分支都還沒有死亡。」

霍金給了我深具批判性的眼神。顯然他有不同的看法。在我等著他回應的同時，我呆呆地盯著他。然後，我突然注意到，他所穿的運動夾克尺碼大了幾號，彷彿可以把他全身包起來似的。還有他的長褲也太寬鬆了。我想，稍微合身的衣服，應該不合適他，因為他幾乎完全沒有肌肉可言。就連長在骨頭上的肉也不多了。

「我有一個想法，」我對霍金說。他停下了打字的動作，然後把目光轉向我。「這樣寫，『作為理解物質世界的方法，哲學已死。』你看好不好？」

霍金做了一個鬼臉。他把目光轉回電腦螢幕，繼續他剛剛未完的打字動作。

後來，我有點等不及了，便起身走到他旁邊，看看他到底在打些什麼。感覺這有一點好笑，因為通常的我是不會這樣做的，而且，我也被警告過，他「一般」不喜歡別人這樣做。但在今天這個情況，他並不介意。稍後，在他感覺稍微適應一點的時候，我還把椅子拉到他身旁坐下。他還挺歡迎我的這個舉動，因為這可以加速我們之間的討論：我可以看著他螢幕上演化中的句子，有時我可以幫他把句子接出來，或是猜出他到底想要講什麼。在我猜對的時候，我們可以省下一點時間，因為他就不需要把句子打完。但是，如果我猜錯的話，他會生氣，如果我一連猜錯兩次的話，他會「真的」很生氣。

當我坐到他身旁時，他正要結束他的打字，螢幕上顯示著：「你的句子不夠有力。」

我在他還來不及讓電腦發出語音之前，就搶先回答了。

「是的，」我說：「這樣說是不夠有力，但是說成『哲學已死』則是過度簡化的陳述。」

他把目光轉回螢幕，但是沒再打任何新的字句，只是讓語音把他剛剛打的字讀出來：

「你的句子不夠有力。」

我回答他：「我不同意你這個說法。如果我們說哲學已死，我們會惹得很多人不愉快。」

他又把目光轉回電腦螢幕，開始打字。霍金可以控制他電腦語音的音量大小，這一次，他的電腦語音以非常大的音量再次重複說出：「你的句子不夠有力。」

我看著他。他以一個很不自然的形狀噘著嘴，像是一個很大的微笑，不過卻是上下顛倒的。因為我不了解他的意思，讓他看起來很挫折。我承認，我的句子是不夠有力。但是如果照霍金喜歡的說法，那可真是太有力了！

有兩種合作夥伴是霍金不太會有耐心的：一是不夠聰明、無法理解他的觀點的人，二是那些無法接受他的觀點的人。是我太拘泥於字句了嗎？是我踐踏了他的戲劇天分嗎？佩奇（Don Page）是霍金早期的一個博士班學生，那是他還能自己控制輪椅的時候。佩奇有一次跟我說，他曾和霍金有過一次劇烈的爭辯，因為他不肯認輸，霍金激動到駕著輪椅要去撞他，如果他沒有及時閃開的話，一定會被霍金撞倒。當我認識霍金時，他已經沒辦法再自己操縱輪椅來把我撞倒了。不過，還好這個議題沒有嚴重到讓他想那麼做。

「好吧！」我說：「但是這樣，我們會引起一陣騷動。」

聽到這個想法之後，他的眉頭上下顛倒成一個大笑臉。他喜歡引起騷動！

揉合理論矛盾

多年之後，當這本書終於出版了，我們得知他的直覺是對的，這個句子真的獲得許多讀者的掌聲。然而，我也是對的——它也惹惱了很多人。特別是哲學家！

大多數剛入物理這一行的人，都不太會去思考他們正在從事的工作有什麼深刻的含義。然而，年長一些的物理學家則多半會思考這個問題。他們長期研究物理的經驗，會驅使他們逐漸發展出自己的一套哲學，以及該以何種態度來對待他們的研究成果的意義。霍金的物理學，並不是基於模型相關真實論而來的。相反地，模型相關真實論的這個觀點，是他多年來浸淫於物理研究之後的產物。

霍金的生涯從他二十四歲那年，也就是在一九六六年寫完博士論文開始。在那篇論文中，他證明了，根據愛因斯坦的廣義相對論，宇宙需要有一個「大霹靂」的起點。這雖然讓他在宇宙學的領域裡一鳴驚人，但還不足以讓他取得稍後在學界的主導地位。他的影響力主要來自於他的下一個研究課題。在這個課題中，他結合了廣義相對論與量子力學，這兩個關於宇宙的觀念、時間與空間的本質，關於作用力、運動，甚至是我們對於未來的理解，都有著巨大差異與矛盾的兩個理論。正由於他能如此擁抱這兩個理論之間的矛盾，讓人不難理解，為什麼他會產生模型相關真實論這樣的觀點。此外，由於他能在這兩個理論之間靈活地游移，他才成為第一位成功地把這兩個理論同時運用在同一個重要的物理過程的人，也因此他為眾人開闢出一個新的研究領域。他在黑洞領域的研究，最終在發現所謂的霍金輻射（Hawking radiation）時到達巔峰。

第六章

走過死亡恐懼，迎接黑洞新世界

在我的劍橋之旅成行之前，霍金和我會利用他在二〇〇五與〇六年之間，訪問加州理工學院的機會，當面討論寫書的計畫，特別是在書中所要涵蓋的內容。我其實不太習慣這種程度的計畫。在我個人的寫作生涯裡，我在萬神殿出版社（Pantheon）的編輯卡斯滕邁爾（Edward Kastenmeier）會給我很大空間。當然，如果我說我想寫一本關於量子計算的書，結果卻變成一本女子足球的專書，這樣大概會惹出一點麻煩，然而，除此之外，他是相當有彈性的。我會從一個基本的大綱開始，然後在寫作的過程中，逐漸安排出需要寫進書裡的內容。就算霍金在寫他那本曠世巨著《時間簡史》時，也沒有事先做很多計畫。然而，我們在制定《大設計》的寫作計畫時，簡直就像在寫物理研究論文一樣。

看起來，霍金是希望在我們開始動筆之前，把每個細節都確定下來。可是，這件事根本就沒完沒了。有時候，我們在某一天做了某些決定，然後過幾天就又拿出來再討論一次，一直到現在情況都還沒有改變。我不禁在想，我們會就這本書所想涵蓋的內容不斷辯論下去，根本不會有動筆的一天。然後，在某一天，我們把一個冗長的下午，淨花在一些徒勞無功的討論之後，忽然間，霍金毫無預警地說出：「是該停止講話的時候了。」一開始我還沒聽懂他的意思。是晚餐的時候到了嗎？不過，他並沒有提到紅酒與燉肉。原來他真正的意思是，現在到了該動筆的時候了。雖然，在我們的計畫裡還有很多空白，也還有很多題材，我們還沒達到共識，但顯然他已經受夠了。接下來，我的劍橋之旅與寫作周期就同時開始了，我們交換彼此寫好的初稿，以及當面仔細檢查每一個想法、每一個字！

與霍金合作，你不能過於害羞而不捍衛自己的意見。在另一方面，你們可能才就某個觀點有過激烈的爭論，然後半小時過去，又一起在酒吧裡大聲談笑。在霍金過世前幾年，著名的宇宙學家、也是霍金的好友圖羅克（Neil Turok），曾寫過一系列論文，嚴格地批判了霍金最感自豪的一些研究成果。但這絲毫不影響他們之間的友誼。這就是物理學界的文化。如果某人在你的論證過程發現瑕疵，即使他們是說：我相信您可能是基於一個些微的誤解，因而影響了原本精彩論點的有效性。但是，這段話聽起來的感覺就像是在說：你是個白痴。然而在內心深處，你知道他們是在幫你的忙。因為，如果一個理論行不通，最好在你（也可能還有其他人）浪費更多時間之前，就先知道那是一個死胡同。作為一個做理論的人，你知道，你大多數的理論都會被證明是錯誤的。否則，如果我們大多數的想法是可行的，那麼物理學裡面那些難解的問題，早就都解決完了。所以大家對錯誤的點子都不會拐彎抹角，也不會有人因直言不諱而心生芥蒂。

在我們寫作的過程中，霍金在《簡史》的寫作經驗就像背景一樣，無時無刻不對我們發出警訊。《簡史》對於一些觀念的討論，例如光錐與虛時間（imaginary time），儘管它已經經過那麼多次的編輯，儘管它是那麼地受歡迎，但是它還是一本不容易讀的書。有一次，我們在加州理工附近的一家漢堡速食店用餐，有一位學生走過來對霍金說，《簡史》是他最喜歡的一本書。霍金回答他：謝謝，不過你有讀完它嗎？他相信，大多數人都沒有讀完這本書，所以他對每個人都是同樣回答。事實上，這是他儲存在電腦裡的一個「罐頭句子」，因為他已經在各種不同的場合裡，使用過很多次了。這次，他希望《大設計》是一本不一樣的書。我們知道，書裡還是會有一些最新的物理觀念，讓讀者覺得難懂，不過，我們還是希望讀者能從頭到尾讀完這本書。

現在，我人在劍橋，這是另一次「互相批評」的行程。那一晚，我們剛在霍金家吃過晚餐。跟往常一樣，由頭髮斑白的瓊準備，他的妻子伊蓮沒有和我們一起用餐。瓊的表情讓我覺得，她可能因為準備晚餐，站久了而有些背痛，不過她一如既往地開朗，而且從不抱怨。

這一次，她幫我們燉了羊肉，也準備了很多肉汁。杰樂（Gerald）是當晚負責照顧霍金的看護，他幫霍金把肉切碎，澆上肉汁，方便他吞嚥。跟往常一樣，一餐下來，盤子疊得很高。在羊肉之外，還有薄荷果凍、生菜沙拉，以及霍金最喜歡的馬鈴薯泥。餐後甜點是澆上濃縮鮮奶油的漿果。最後還有紅酒。也跟平常一樣，紅酒是我挑的，這一次我是看上它精美的標籤。雖然我事先並不確定是否好喝，但是結果還不錯。

霍金是用玻璃杯喝酒的，只不過是一湯瓢一湯瓢的喝。我們通常不會吃太飽，不過今晚倒是有些吃撐了。不只是他，我也是。或許是因為羊肉的關係吧。跟平常一樣，我們在用餐區的餐桌旁進食，家裡的餐廳另一側開向客廳，外面有個露台。餐廳的另一端是廚房，瓊在那裡開始洗碗。她現在是半退休狀態，但仍然以各種方式幫助霍金。她對他的奉獻，有目共睹，霍金和他的看護也非常敬愛她。

從某方面來說，這讓我想到，他們其實也算是霍金的家人。他的女兒露西（Lucy）跟他很親，每個禮拜天都會來看他。他比較少看到他的小兒子提姆（Tim），而他的大兒子羅伯特（Robert）則是住在西雅圖。在他的夫妻關係裡，此時的伊蓮就像是隻蜂鳥一樣，嗡嗡嗡飛過而已。然而，瓊、茱迪絲以及其他看護，則是不分晝夜地照看著霍金。他們陪著他一起晚餐，把他放上床，帶他去看醫生，跟他一起旅行到世界各個角落，並在所有困難的時刻裡，照顧並滿足他的需求。

當他的看護有家庭聚會、生日或結婚周年的派對時，霍金通常都會出席。有時候，他也會出錢讓他們去購買一些他們需要的東西。例如，他曾借錢給一位看護，讓他去買車。他也答應另一位看護的女兒，當她結婚的時候，他會提供煙火。在他還是青少年的時候，霍金和他的朋友就已經會自製煙火了，而他還是樂此不疲。他通常會在自己舉辦的大型派對裡，施放自製的煙火。他所自製的煙火，不是業餘的小兒科那個等級，而是像在體育場裡施放的那一種。偶爾還會有人報警，而也真的有警察過來制止他。不過，等警察一走，霍金馬上又繼續點燃他的煙火。

今天的晚餐真的很豐盛，但我卻感覺很不好。瓊看起來已經累壞了。在她離開後不久，杰樂也到隔壁的客廳看書休息去了。在他走往客廳的時候，隨手打開了電視新聞。霍金還滿喜歡看電視的，這點讓我覺得很奇怪，因為新聞的內容往往會惹他不高興。就像現在，新聞的內容是關於國會裡的一個表決結果，他正看著這個新聞而擺出一張臭臉。我問他，需要我把電視關掉嗎？他揚起眉毛，意思是「好」，所以我把電視給關了。

我們坐在那裡，看著對方，稍微沉默了約有一分鐘。我忽然有點理解，為什麼他會喜歡我在傍晚之後陪著他。在他被餵完了晚餐，寂寞的夜晚很快就降臨了。他的眼皮開始有些沉重。我猜想著，大概是紅酒讓他覺得想睡覺吧。然後，忽然間他就清醒了起來，好像想到什麼重要的事。接著他開始打字。

「你現在健康嗎？」他問。

我點頭。在我上一次從劍橋回去後，我因小腸梗阻而接受了一個手術，在那之後的某一天，我忽然昏倒。到了醫院，他們告訴我，我的血壓是58／30，應該是有很嚴重的內出血。他們在我身上插入了靜脈輸液管，並開始輸血，最後總共注入了十三個單位的血液。這是一次徹底的「更換機油」。然而，出血的狀況好好壞壞，甚至在十幾個各種測試與程序之後，他們還是無法確認究竟是哪條血管出了問題。有一晚，我在加護病房裡，無意間聽到醫生跟某個護理人員說，要特別注意我的情況，因為我在隔天早晨之間，有可能因「失血過多」而死亡。顯然地，這個醫師在醫學院時，沒有學會該如何壓低音量講話。他也誤讀了他的水晶球。十天之後，我的內出血忽然就好了，就像它當初忽然就來了一樣。

那時，躺在醫院的病床上，又聽到我可能會死去的預言，這讓我想了很多事。例如，我該怎麼和家人見最後一次面？我的小孩以後會跟誰結婚？他們以後的人生將會怎麼過？當他們需要我，而我又不能在場時，該怎麼辦？他們還這麼年輕，以後還會記得我嗎？我的這一生，有什麼意義嗎？

我的內心聚集了許多隨機的影像，諸如海洋裡的波浪、晴朗的沙灘、覆滿白雪的山頂等等。我知道這些都是陳腔濫調，但是我真的是這麼覺得。我望向窗外，看著加州晴朗無雲的藍天，以及路邊美麗的棕櫚樹。我是否視這些美景為理所當然？我是不是應該更常停下腳步來欣賞它們？現在還來得及嗎？

我想知道霍金是否也有過類似的想法？在他那麼多次瀕臨死亡的邊緣，他可曾想念藍天，或是他喜歡凝視的星空？他會為了小孩而努力撐下去嗎？他有沒有什麼覺得遺憾的事情？那時，我理解到，他曾經經歷過這麼多次威脅到生命的意外，例如氣孔破裂、肺部感染、鈉平衡失調等等，可以說在死亡的邊緣已成常態。這些接踵而來的「瘟疫」，讓他可以平靜地面對生命，以及隨時可能降臨的死亡。這些他早已想過千百遍的想法，卻是在我生平首次生死危機時，不得不突然面對的課題。

我回想起自己在加護病房時，那一份前所未有的脆弱感，看著眼前的霍金，想像著他的脆弱程度，以及我的想像可能錯得多離譜。對我來說，霍金已經證明了，這個脆弱的身軀其實只是個虛假的表象，住在裡面的他就像是個「鋼鐵人」。科學講究的是觀察與證據。無論外表如何，醫生做了怎樣的宣告，事實顯示，沒有什麼可以擊倒霍金。反倒是我，在另一方面，才是那個脆弱的人。我躺在醫院的病床時想著，如果在這本書寫完之前，我們當中有一個人會先死掉，而我竟然就是那個人，這該會是件多麼諷刺的事！我還做過一個夢，夢境有點模糊，主要是霍金和我的雙人賽跑。一開始是我領先，快樂地衝刺著，而他緊跟在後，苦苦地用他的電動輪椅追趕著。稍後我摔了一跤，在我還來不及從跑道上爬起來時，霍金揚起眉毛，面帶微笑地用輪椅把我輾了過去。

躺在那張有可能就是我的臨終病床上，冒出這些奇怪的想法，以及做這些奇怪的夢，對我而言，實在很詭異。我把它們對霍金說了，而他卻覺得很有趣。

「你要不要打個賭？」我問：「我們應該賭一下，看誰會先走？」

他皺了皺眉頭。

「為什麼不？」我追問。

「輸的人將沒辦法付錢。」他回答。

這一點倒是沒錯。我啜了一小口酒，然後問他，需不需要我幫他擦一下臉頰上的口水？他回答了：要。

這些時日下來，當我在場的時候，他的看護開始比較放心，而我也有能力做一些簡單的看護工作。我注意到，霍金喜歡受到這一類的關注。有時候，他會要求我幫他調整一下坐姿，或是扶一下眼鏡，我想，這只是他希望擁有一些人與人之間的接觸而已。他似乎也喜歡一些肢體的接觸，而我可以理解他的這份渴望。他獨自一人睡覺，沒有人依偎在身旁，或與愛人相擁而眠。在和朋友見面時，他甚至連一個簡單的擁抱，或伸出手去跟別人相握都做不到。

霍金當時聽說我因內出血住院的意外時，他寄了一張溫暖的早日康復卡給我，上面有著他、茱迪絲以及其他一些人的簽名。我謝謝他寄這張卡片給我。「很有趣，在醫院那段經驗，讓我思考了很多關於死亡的事情，」我說：「從來沒有這樣想過這件事。」

他的表情似乎在對我說：歡迎加入這個俱樂部。

「我知道，你一直都面對著這些生死一線間的恐懼。」

他揚起眉毛。是的。他開始打字：「然後，回到物理吧。」他說。

物理。跟霍金談話，很難離物理太遠。「你現在沒辦法寫方程式，你不會覺得沮喪嗎？」我問。

他皺了眉頭。我不確定，他的意思是不，他沒有覺得沮喪，或是他不喜歡我的窺探。這個問題，我以前有好奇過，但覺得跟他還不夠親近，所以不敢拿出來問。今天我問了，我希望自己沒越界。

他開始打字。「我的殘障是逐漸惡化的，」他說：「所以我有時間去調整。」

我說：「真難想像，如果你沒有殘障，你的物理成就將會有多高！」

他皺眉表示不同意。他又開始打字。時間有點長，但是我沒有偷看。終於，他說：「它有所幫助。它幫助我集中精力。」

我很敬佩他能從他的困境裡看到正面的積極面向。而且，我也很佩服他對物理的熱愛。他在前幾次來加州帕薩迪納（Pasadena）時，有遇過我兒子尼古拉（Nicolai）。我跟他說，尼古拉熱愛籃球，每天都要練上個幾小時，而且總把「籃球就是生命」掛在嘴邊。我對霍金說，經歷這數十年的生活與磨難，你對物理的熱情絲毫未減，實在讓人很佩服。「對你，物理就是生命。」我說。

他皺了皺鼻子。再次表示不同意。他開始打字。

「愛才是生命。」他說。

改變思考黑洞的方式

霍金這個「愛才是生命」的說法，深深地感動了我。他提醒了我，雖然他的殘疾對於建立情感與身體關係是一項障礙，但是他所擁有的人際關係，卻和正常人沒兩樣。不過，他的評論讓我有些驚訝，因為比起和人建立連結，他通常會選擇和物理建立連結。即使在他必須坐上輪椅之前，當他在研究上遇到難題需要解決的時候，基本上他可以連續幾天過著與世隔絕的日子。在他小孩的成長過程裡，他也沒有花很多時間去陪他們。他的妻子珍也有受到忽略的感覺。儘管如此，我深信，他的家庭與夫妻關係仍是他幸福的泉源。這也讓我再次體會到，在他的生活裡，就如同他的物理一樣，總是擁抱著許多矛盾。

對霍金而言，物理學中的矛盾意味著機會，也就是有些東西正等待著被修訂、調解，或只是需要去了解並接受它。他從博士畢業之後，殘疾開始逐漸惡化，慢慢失去需要依靠身體行動去冒險的能力，然而，他在物理上的冒險卻是愈來愈勇敢、愈來愈大膽。在接下來的幾年，他將加入一群冒險家，把研究主題由宇宙的起源移向探索奇異的黑洞世界。

即使是在探險黑洞的先鋒部隊裡，索恩仍跟我說：「霍金是一位異常大膽的思考家。」這是什麼意思？他就像一位噸位超級大的相撲選手，或是一條讓人抓不住、特別濕滑的魚。因為在黑洞研究的初期，我們對這個奇特與詭異的物體，認知非常有限，因此在這個領域裡，沒有人是膽小鬼。他們也不能是膽小鬼。在這個由相對論中最奇怪的觀念所統治的世界裡，他們是一群先驅者，率先走進一個時間不會一致「流動」的地方，在那裡，整個宇宙沒有所謂的「現在時刻」。我們似乎習慣於東西「存在」某個共同的現在裡，接著，下一個事件則在它之後發生。然而，誠如愛因斯坦所說：「對我們這些深信物理的物理學家而言，過去、現在、未來的區分只不過是幻象而已，儘管這的確是很頑強的幻象。」

黑洞的理論甚至允許時間旅行。理論預測，如果你飛進黑洞裡，在裡面待一下子，然後出來，此時你可能會發現，你所身處的是數百年甚至數千年之後的未來家鄉。重複個幾次之後，你將能目睹文明的起落興衰，彷彿以「快轉」的方式來看你的行星。今日，我們對於黑洞的科幻世界，感覺不那麼陌生，然而，回到那時，回到每個學童都知道空間可以被扭曲之前，這是一個全新的概念，而且是非常「燒腦」的。然而，即使是在那幫蠻勇的思想家中，霍金仍舊脫穎而出。

霍金在黑洞物理學中的第一個貢獻是關於黑洞視界（horizon）。視界是我們如何定義這個詭異物體的關鍵概念。用比較通俗的話來說，物理學家把黑洞想像成一個空間中的區域，由於它自身擁有巨大的重力，使得沒有東西可以從該區域脫逃出來。我們可以認為該區域是由它的視界所定義。用潘洛斯的話來說，視界是黑洞「最外圍的邊界，也是光子（光）在被重力向內拉回黑洞的地方」。視界的命名源自於一個類比：當太陽因地球自轉而通過地平線（horizon）之後，身處在地球上的我們就看不到太陽了；同樣地，身處在黑洞之外的觀察者，也是看不到通過黑洞視界之後的物體。

在潘洛斯對於黑洞的研究，是以嚴謹的數學式來表示。他的方程式看起來很合理，因此很快就成為公認的標準答案。然而，在霍金研究黑洞物理之後，他很快就發現潘洛斯的視界其實是一個「智力上的死胡同」（借用索恩的話來說）。

潘洛斯的研究方法有兩個缺點。首先是觸及相對論的靈魂：不同的觀察者會得出互相矛盾的觀察。根據相對論，不同的觀察者會依他們所處環境的重力場強度，以及他們彼此之間的相對速度，而對空間的大小、形狀以及時間流逝的快慢有不同的看法。這雖然會讓分析工作變得很麻煩，但卻有一個方法可以解決：研究人員可堅持只採用與觀察者無關的方式來定義觀念。這個做法有幾個優點。第一，這能確保所得出的定律與觀察到的現象，對所有的人都適用。其次，這讓數學推導變得簡單一些。最後，或許也是最重要的，這可以大幅增強我們詮釋方程式的能力。然而，根據潘洛斯的定義，黑洞的邊界對每個觀察者來說，都會是「不」一樣的！例如，某個掉進黑洞裡的觀察者，他所看到的潘洛斯視界，會不同於另一個還在黑洞之外的觀察者。所以，哪一個才是真正的視界？不同的人，會看到不同的視界！

潘洛斯的方法的第二個缺點是，根據他的定義，黑洞的視界會產生不連續的跳躍。也就是說，當有一團新的物質掉入黑洞之後，這個黑洞會變大，而它的視界也就會突然增大。然而，在比較複雜的情況下，例如在兩個黑洞發生碰撞時，由此而引發的跳躍會變得很詭異，而且難以處理。

潘洛斯雖然知道有這兩個缺點，但他還是決定採用這個定義。然而，在一九七一年年初，霍金領略到，可以把黑洞的視界看成是「時空」上的一個區域，而不只是在「某個特定時刻」上的一個空間區域。因此，霍金採用與潘洛斯不同的定義方式，他把視界重新定義為同時是空間與時間上的一個邊界，而不僅僅是一個光線無法脫逃的空間邊界。他以數學的方式證明，這個新的定義方式可以補足潘洛斯方法的兩個缺點：對所有的觀察者來說，黑洞的邊界都是相同的，而且它會是連續式的變化，而不是跳躍式的。

我們該如何來理解這兩個定義方式之間的差異呢？想像在一個黑洞的附近，有一個質量巨大的星體殘骸，它雖還在黑洞外面，但是已經發生重力坍塌，而且很快就要被這個黑洞吞噬了。[10] 此外，這附近還有一艘小型火箭，剛好就位在這個黑洞的外面，正努力要擺脫它的重力吸引。火箭藉著噴氣推進，希望逃離這個區域。由於它位在黑洞的外部，所以它應該是可以成功逃脫的。然而，就在黑洞吞噬了這個殘骸的瞬間，黑洞會變大，而且如果這個殘骸的質量夠大，增大之後的這個黑洞將會把火箭包圍起來，使得火箭的逃脫失敗。

若由潘洛斯的定義來描述這個事件，火箭最初是位於黑洞的視界之外。稍後，當這個巨大的質量掉入了黑洞，潘洛斯的視界瞬間往外跳，而「抓住」火箭。因此，儘管這艘火

10 從技術性層面來講，這個質量的形狀必須視為球殼，不過這些細節在此可以忽略。

箭不可能逃脫，但是潘洛斯的視界在最初之時，並無法反映出這個事件，它只能解釋在這個巨型質量掉入黑洞之後的事情。

若由霍金所定義的視界來看，如果火箭注定最後終將被這個增大的黑洞所吞噬，那麼霍金視界將「從一開始」就會把火箭包圍住，中間不會出現任何意外。換句話說，霍金視界在質量掉落黑洞之前，就已經變大了。視界的大小不僅由當下物體的狀態所決定，也會由未來將會發生的事情決定。因此，這違反了因果律：在這個例子裡，結果（黑洞視界的增大）先於原因（質量掉入）。

霍金對於視界的定義，要求我們知道整個的時空歷史，包括它的整個未來；雖然在實際應用上，在時間與空間上距離遙遠的物體是可以忽略不計的。物理學家以目的論（teleology）來稱呼這種會由未來事件所決定的事情。這個詞是從哲學借來的，它的本意是，以最終目的來解釋某個現象發生的緣由，而不是從當下的直接原因來解釋。

哲學家以自然的目的論法則來思考事情，至少可以追溯到亞里斯多德。科學老師告訴我們，下雨的原因是因為雲層中的水氣凝結成液滴，直至液滴的重量大於在空氣中的浮力而掉落下來。然而，亞里斯多德的觀點對此現象有另一種解釋：下雨，使得植物可以生長，而讓人類可以食用。他相信，這種基於未來的要求，形塑了現在。我們在生活裡做決定的方式，或多或少跟我們的個性有關。譬如說，在午餐時，有人請你吃一塊起司蛋糕，你決定是否要吃它的理由，可能並不是由於你當下的食欲，而是考慮你的晚餐會吃什麼，才再做決定。然而，在物理學裡，物體在受外力作用下的反應，取決於當下的條件，因此，雖然目的論的觀念是我們日常生活裡的一部分，但卻鮮少出現在物理學中。所以，霍金對視界所下的目的論定義，是創造力的一塊瑰寶。他的勇敢，讓他可以擁抱並探索新的觀念，而不像其他人，例如潘洛斯，很快地便在心裡打了退堂鼓。

乍看之下，這些關於黑洞視界在定義上的微小差異，似乎不是很重要，因為這些術語的定義來自於物理學家的人為選擇，而不是出於對大自然的陳述。然而，我們所發明的觀念，將會影響我們接下來的想法，以及最終得出的結論。隨著時間流逝，事實證明霍金的定義是個強而有力的進展，最後廣為大家所接受。它引導了眾人的直覺與心理圖像，去理解黑洞演變的過程。為了區別起見，霍金把他的版本稱為「絕對視界」，而稱潘洛斯的版本為「視視界」。透過這個新的定義方式，霍金不只重新定義了視界，更改變了物理學家思考黑洞的方式。

發現黑洞力學定律

有了這個新的思維方式之後，霍金瘋狂地工作，渴望從廣義相對論裡知道掌管黑洞的法則。他會把自己閉關幾天。珍有時會希望跟他討論一些生活上的事情，但他卻只想留在他的物理世界。珍也會希望從他那裡得到一些呵護，確認自己對他而言是重要的，然而他卻還是置她於不顧。在他工作的時候，他會用錄音機大聲播放華格納的歌劇，一連好幾個小時，就像他被確診為漸凍人時那樣，也像他小時候父母所做的那樣。珍開始討厭起華格納，視他為「邪惡的精靈」，是一股拆散他們婚姻的力量。

無論華格納從他們的婚姻裡奪走了什麼，他都把它加進霍金的物理學裡去。經過了一年半的努力，以及與兩位同事的合作，他取得了第二個重要的突破：黑洞力學定律。他在一九七二年八月寫下這些公式時，才三十歲。這組定律掌管了當物質掉入黑洞之後，黑洞會如何變大的過程，以及當黑洞與黑洞之間產生交互作用之後，會發生些什麼事。

霍金所得出的定律，領先了他所處的時代。第一個可以展示黑洞存在的間接觀察證據，直到一九九〇年才出現；這是根據對一個名為天鵝座X-1（Cygnus X-1）的巨大星體的觀測所做的推論。第一個直接觀測到由於黑洞碰撞而對時空所造成的擾動，也就是某種特定類型的重力波，則一直到二〇一五年才出現；那是由索恩帶領的ＬＩＧＯ[11]實驗團隊所完成，索恩也因此獲頒諾貝爾獎。而人類則是等到二〇一九年，也就是在霍金逝世後的第二年，才首次（幾乎）直接觀測到黑洞的模樣。

儘管人們在當時還無法直接看到黑洞，然而霍金相信對於重力、空間與時間的本質，黑洞可以提供獨特的洞見，揭示出在正常情況下我們所看不到的祕密。時間證明，他的直覺是正確的！

對於了解這些詭異的星體，黑洞力學定律的發現是踏出了很重要的一步。然而，這些定律有個蹊蹺的地方：這些定律看起來跟熱力學裡的定律十分相似。這個出現在不同物理領域裡的相似規律，透露出它的重要之處。事實上，如果你把黑洞物理裡的名詞，以相對應的熱力學名詞來取代，那麼這每一條黑洞物理定律都和熱力學定律完全相同。

以其中之一的黑洞面積增加定律為例。當兩個黑洞發生交互作用時（無論它們是合

11 ＬＩＧＯ是雷射干涉重力波天文台（Laser Interferometer Gravitational-Wave Observatory）的字首縮寫。他們於二〇一六年才發表該重力波的檢測成果。

併、吞噬物質、碰撞或其他），黑洞視界的總面積必定會增大。日常一般的物體則非如此。譬如說，你拿兩個一樣大小的黏土球，把它們合併，變成一個更大的球。從高中基本的數學，你就可以計算出，這個新黏土球的表面積，會比原本兩個球的表面積之和要少百分之二十。然而，由於空間上曲率，如果你合併兩個黑洞，新的視界（相當於表面積）永遠會大於原本兩個視界加起來的總和。

物理學家立刻就注意到，這個面積增加定律與已知的熱力學第二定律極度相似。面積增加定律說，任何黑洞的交互作用，黑洞「視界面積」的總和必定會增大。熱力學第二定律則是說，無論發生任何的物理交互作用，任何封閉系統的熵（亂度大小）必然會增大。只要把「視界面積」以「熵」來取代，黑洞定律就變成了熱力學定律。

事實上，所有的物理學家都相信，這些定律之間的對應關係是一個詭異但又深具意義的巧合。然而，在普林斯頓的一位研究生貝肯斯坦（Jacob Bekenstein）並不同意這樣的說法。貝肯斯坦推測，這兩個定律之間的關聯性應該可以直接照字面上的意義來理解：黑洞的熵與它的視界面積成正比。

熵是亂度的大小。以冰塊為例，水分子以六角形的環狀凝結成冰，而液態水的分子則是隨機的運動著。因此，冰塊的熵值較小，而當它在融化的過程中，熵值會增加。一般來說，熵值較小的系統是一個有序的系統，或是一個簡單系統，其中並不含有太多的組成物件可以增大亂度。在另一方面，熵值較大的系統則是一個混亂的複雜系統。

黑洞似乎是一個簡單到不足以擁有亂度的系統。黑洞一旦形成而且達到穩定態之後，在自由空間（真空）中的黑洞被認為就像一顆撞球一樣，沒有其他的組成零件，沒有任何東西讓它產生亂度。也就是說，黑洞不具有任何亂度，因此它的熵為零。貝肯斯坦的想法與眾人心中的圖像矛盾，所以遭到很多嘲笑。

還有一個理由讓大家覺得無法接受貝肯斯坦的想法。根據熱力學定律，凡物體的熵大於零，就表示該物體具有溫度（高於絕對零度）。然而，任何物體的溫度只要高於零度，它就會放出輻射，亦即：它會發光。[12]

這是一個麻煩。因為當物體在發光時，它所釋放出來的輻射是一種能量，而這個能量必須來自於黑洞的質量。換句話說，一個發光中的黑洞，會緩慢地把它的質量轉化為電磁能（根據愛因斯坦著名的質能方程 $E=mc^2$）而把它輻射掉。[13]這樣的結果就是，黑洞會逐

12 這個輻射的光未必需要在可見光的頻率波段內。

漸萎縮，最終將會完全消失。黑洞內部的所有東西，都會以輻射的形式逸出，就像是「蒸發」一樣。

今天，我們已經知道這個輻射就是「霍金輻射」。然而，回到當時，諷刺的是，霍金一開始並不相信黑洞會有輻射，也不相信貝肯斯坦的任何想法。這些想法和霍金與其他人經由廣義相對論苦心推導出來的黑洞圖像相矛盾。貝肯斯坦體認到他的理論似乎要求著黑洞必須要有輻射，然而，他也接受黑洞是無法產生輻射的觀念。他不知道該如何解決這個矛盾，他只是很執著地認定黑洞具有熵值。

貝肯斯坦所遭受的嘲笑與攻擊，正好說明了要在物理學裡提出新的觀念，需要莫大的勇氣。如果你擁有足以讓人信服的證據，那麼你戰勝的機率會相當高。然而，像貝肯斯坦這樣，他相信黑洞具有熵值，但是他的研究不夠深入，也無法解決黑洞輻射的問題，而且，他也無法為自己的觀念提出適當的辯護。結果就是，沒有任何人接受他的觀點。他被打死了，而霍金就是帶頭開槍的那個人。

最終事實證明，依照廣義相對論所建立起來的舊黑洞理論，在考慮量子力學的修正之後，證實了黑洞的確具有熵值的觀念，而這也讓霍金不得不承認自己的錯誤，而很不情願地改變立場，去證明貝肯斯坦是正確的。

連酒保也能聊黑洞

隨著這些紅酒、羊肉，以及聊到我在醫院裡的瀕死經驗，等我從霍金的家離開時，已經超過晚上十點了。然而，我卻還不想回到我那個位在古老的凱斯學院裡的房間。考慮到霍金的工作行事曆，我傾向於熬夜到很晚，然後一回到房間，倒頭就睡。

現在是冬天，而我的房間是石牆，窗戶很小，屋頂很矮，狹小而且陰暗。不過這個房間還是有些魅力，特別如果你是一隻蝙蝠的話。然而，我現在並沒有心情回去瞪著天花板，所以我決定走半個小時，到霍金家附近我認識的一間酒吧。這間位於劍橋的酒吧理論上是十一點就要關門的，然而，這個「關門」對不同的人有不同的意義。對這家酒吧的主人、一位四十歲左右的中國婦女而言，「關門」的意思就是把門關起來。她真的這麼做了：十一點一到，她就很準時地把大門鎖上。她和她的英國酒保丈夫沒做的是要求他們的顧客離開。相反地，他們持續服務這些客人直到他們自己陸續離開為止。雖然這個商業模式的

---

13 如果把黑洞的自旋考慮進來，故事會變得稍微複雜一些，不過這並不在這個討論的範圍之內。

合法性很曖昧，但是效果卻很好。

劍橋的酒吧跟我在其他地方去過的酒吧都不同。在你身旁那個喝得半醉的人，可不僅僅是個醉漢而已。他或她可能是個天體物理學的研究生或是著名的神經科學家。我最喜歡的一個晚上是遇到一個喝啤酒喝到醉的傢伙，聽他講了西非的農業經濟學。這通常不是我會選擇的主題，不過在黑啤酒和堅果的助興之下，效果非常好。

今晚我則是犯了一個錯誤，我讓這位酒保把話題轉到我和霍金合作的這件事情上。因為我是個常客，他和他太太都知道我和霍金一起工作的事情，不過我通常會避免這個話題。但是這一次，他先幫我倒了一杯免費啤酒，接著告訴我，這杯啤酒的代價就是要跟他聊聊黑洞的事。我當時實在非常不喜歡那個狀況。畢竟，我就是希望忘記黑洞才去那裡的，結果我現在又被卡在黑洞裡。

還好，這位酒保是那種比較喜歡說、而不是喜歡聽的人。他問了我一個問題，就在我張口要回答的時候，他從那裡就接下去開始說了。在往後的二十分鐘裡，他告訴了我「他」對於黑洞所知道的所有事情。而且，大部分都是正確的！

我想，從霍金早期的時代到現在，世界真的變了很多。當時，黑洞還是一種詭異的物體，沒有幾位物理學家願意去討論它們。然而現在，你的調酒師就可以幫你上一課。當他滔滔不絕地講著黑洞時，他的太太偶爾還會白眼瞪他一下，此時我的思緒飄到霍金身上，想著他是如何成為這件事的幕後推手，他如何能擁有這麼大的影響力，他所改變的不只是物理學界的文化，更包括了普羅大眾的文化。對這種種，他心懷感激，特別是現在在他晚年裡。對他想要追尋答案的問題，不僅僅是物理學家的事，更是我們所有人的疑問。我那時了解到，如果他在物理學裡的發現，能讓他有一種不朽的感覺的話，他向大眾分享物理也有相同的效果。從我手術之後，我就覺得霍金堅不可摧，而這個想法又更增強了那個感覺。

第七章

霍金的「圖像語言」有大用

對霍金來說，一九七〇年代並不是一個很好的十年。雖然他此刻已經算得上是位成熟的物理學家，但是他的殘疾也變得更加嚴重。在七〇年代初期，他喪失了控制手的能力。在一九七〇年時，他還可以拄著四腳助行器行走。到了一九七二年，他已經需要電動輪椅了。到了一九七五年，只有那些長時間在他身旁的人，才聽得懂他那含混不清的話語。那時的他，是三十三歲。

在那個時候，霍金不知道自己會活下來。他預期自己會在那十年之內死掉。他可以思考，也有感覺，但身體卻幾乎動彈不得。他的輪椅成了囚禁他的「寶座」，雖然他有很堅強的信念，但是他不需要太多證據來證明這些由身體顯示出來的預兆。他知道，他只能活到負責呼吸的肌肉壞死為止。然後，一波波的肺炎就會接踵而至，最終他會因窒息而死。他也預期，所有的這些事情，會在未來的幾年內發生。對於他想達到的物理成就，霍金是個雄心勃勃的夢想家，但是對於自己的命運，他卻是一點夢想也不敢擁有。

意識到自己的「有限性」之後，霍金決意去回答那個可以讓他感到鼓舞的問題，在他不復存在之前，他要去了解存在的意義。然而，他也明白，他沒辦法再像其他物理學家那樣做研究，他必須要改變方式，變換風格。雖然他不肯乖乖屈服於殘疾之下，不過他倒是做了一些調整。在他的個人生活，他開始發展出一些很精緻的非口語溝通方式，這在他周遭的朋友圈內，大家都覺得他這項功夫很厲害。在物理的專業領域裡，他以兩個截然不同的方式，去進行理論研究裡所需的數學運算。

第一個必要的改變是，在數學上採用可接受的近似值。伽利略強而有力地提出：自然之書是以方程式所寫成的。然而，伽利略沒說的是，這些方程式都是我們解不出來的。牛頓的重力理論，很成功地解釋了行星的軌道運動，然而，它派得上用場的地方，只在一個「超級簡單」的太陽系：只擁有單一行星的太陽系。關於原子，在享譽盛名的量子力學中，所有的化學都可以從一條單一的方程式裡推導出來，然而，我們唯一能得出精確解的元素，只有氫原子而已——所有元素中構造最為簡單的那一個。假如我們想要描述，太陽系裡實際的行星運動，或是推導氫原子以外，其他元素的化學特性，我們只能採用近似的圖像，也就是在數學上等效的合理猜測。雖然這些近似值或猜測，從數學上，無法確認它們是否正確，然而，實際在做研究的物理學家，大都能發展出一份直覺，可以判斷哪些是可行的，哪些是不可行的。

在物理學中，我們直覺地接受很多我們認為「可行」的數學運算，然而，數學家卻有一個要求要有證明的惱人習慣。結果就是，他們有時會抱怨，物理學家濫用了他們的學科。不過，這倒是真的：在我們希望發掘隱藏於方程式之下的祕密時，我們不顧數學裡的法律，躲開他們的警察，而且無視於「數學法庭」的判決。為了要降伏某些方程式，我們可能會從中砍掉它們的一部分，然後開始審問這些剩下來的方程式，並假設這些供詞足夠讓我們拼湊出一個接近事實的圖像。在理論物理學中，除了最簡單的研究之外，我們都進行了更改、假設和估算，之後再去論證，為什麼簡化後的模型與從中得出的結論仍然有效。這樣的做法，有時可行，有時不可行。這個論證，是專業物理學家之間的對話（有時是爭辯），不過，與一般對於科學的刻板印象相比，這些對話的內容與過程其實是非常混亂的。然而，從事實來看，我們的飛機能飛，雷射可以發光，而且電腦也跑得動，所以，我們這些胡亂拼湊出來的結果，顯然還是行得通。

做理論的人，對於論證過程中的缺失、鬆散的結論，或是數學推導的過程等，每個人的容忍度都不一樣。有些人偏好嚴謹，也有人比較不那麼在意。前者只有在自己發現強而有力的論據時，才會拿出來發表；後者則相對隨意一些。在霍金早期的生涯裡，他屬於前一類型。但是，稍後，他做了一些改變。因為他相信，自己已經離生命的終點不遠了，所以他開始做出一些妥協，從一九七〇年代初期，他變得比較放鬆、隨意。寫字母 t 時的那一道橫線、i 上面的那一點，都需要花時間，而他沒有多餘的時間可以浪費。他對索恩說：「我想要盡可能地有更多的進展，但若要顧及嚴謹性，我的進度就會慢下來。我寧可要正確，而不只是嚴謹。」

霍金的第二個改變是，他開始捨棄方程式，改以較為幾何、圖像的方式來思考。很多的物理也可以視為幾何學。這雖不是必需的，但卻是可行的。這種偏向幾何的研究方式，有點像我們在高中數學課裡的幾何與代數。在幾何的單元裡，你會作圖，畫出直線、角度、圓形、三角形或其他形狀，然後你得依據特定的規則來解釋你作圖的原因；而在代數的單元裡，你會處理很多相同的觀念，但卻是以方程式的形式來表示，例如寫出表示直線或圓形的方程式，以及處理正弦或餘弦函數等。這兩種方式，都可以用來證明你的定理。這個道理在物理學裡也一樣。尤其是在相對論中，誠如閔考斯基所做過的示範，這個領域特別適合以圖像與幾何的觀點來思考。

基於他無法再動手寫下方程式的處境，霍金發展出精巧的幾何語言來作為補償，他讓自己透過腦袋裡的圖像，把想要研究的物理觀念視覺化。他開始慢慢地訓練自己，在腦袋裡想像一些曲線與直觀的圖形，而不像以前是把方程式寫在白板上做計算。一直以來，他的想法就與其他物理學家不同，然而，現在的他更是發展出一套獨特的語言，一套只屬於他自己的語言。

對於某些特定的問題，霍金的「圖像語言」比傳統的方程式計算更具威力。在這一類的問題裡，他身體上的殘障非但不是阻礙，反而強迫他發展出一種超能力。他可以看到別人看不到的東西，而且擁有別人無法得到的洞見。但在其他的問題上，他的方式就不是那麼有威力。不過，他也學會怎麼去判別哪些議題是他的強項，並專注在這些問題上。在他所專注的問題上，借用索恩的話來說：霍金擁有「別人無法企及的能力」。

所有黑洞都會放出輻射

通往霍金輻射的道路得繞經莫斯科。霍金於一九七三年九月首次在那裡登陸，當時，珍和他是由索恩陪著，目標是與一些傑出的蘇俄物理學家碰面。他們可能是異議分子，也可能只因為他們是猶太人，由於蘇維埃政府的禁令，他們沒有旅行的自由。雖然這群物理學家無法去劍橋拜訪霍金，不過他們還是前往位在紅場（Red Square）旁的俄羅斯酒店（Rossiya Hotel，已於二〇〇六年拆除）去朝聖。在其中的一次會面裡，霍金從主人澤爾多維奇（Yakov Zel'dovich）那裡，聽到一個很罕見的猜測。

當人死後，採取火葬，無論這個人生前是胖或瘦，高或矮，漂亮與否，善良與否，無知或知識淵博，他或她的身體統統會變成一堆碳灰（骨灰）。每個人在生前都是獨特的個體，然而，碳原子就是碳原子。最終剩下來，可以用來區別生前是一個肥胖的國王，或是嬌小的芭蕾舞者的線索，就是那一堆碳灰的質量。尺寸大於某個標準的恆星，也符合這個命運的比喻。[14]

當一個質量巨大的恆星在死亡時，它會向內聚爆形成黑洞，所有與它生前特性的相關線索，最終都會在這個過程中遺失。構成該恆星的元素與質點，讓它發光發熱的電漿態，以及逐漸發展出來的層狀結構等等，全都會消失殆盡。在它坍塌之後，關於恆星過去的種種特徵，剩下來的就只有三個參數，這也是黑洞所能具有的三個特徵：質量、自旋和電荷。

多數關於黑洞的常識，以及許多黑洞物理研究，都集中在最簡單的黑洞上，也就是那些沒有電荷與自旋的黑洞。這些黑洞的唯一特徵就只有質量。然而，澤爾多維奇的猜測對象，是具有自旋的黑洞。他提出一個在當時而言很奇怪的想法：自旋的黑洞應該會輻射出能量。

根據澤爾多維奇所言，輻射的能量來自於黑洞的自旋。隨著時間流逝，輻射會耗盡自

14 只有巨型的恆星才有足夠的內在重力，才能使自己坍塌成為黑洞。我們的太陽，相對而言質量不夠大，只會安靜地死去，成為一個白矮星。

旋的能量，減緩黑洞的自旋速率，最終黑洞將會停止自旋，也不再輻射能量。與貝肯斯坦的理論不同，能量會從自旋中的黑洞輻射出來，並不是一個革命性的想法，因為輻射的能量是來自於自旋，而非來自於它的質量。自旋中的黑洞在質量上可以保持不變，但仍能發出輻射。如此一來，這個黑洞不需要縮小，也不會因這個過程而消失。

澤爾多維奇已經發表過他的想法了，不過他的論證有些複雜，其中的數學推導過程也有些瑕疵。所以，他的論文並沒有引起什麼重視，很快就被大家遺忘了。然而，在紅場旁的那個房間裡，澤爾多維奇向霍金解釋了他的理論，這讓霍金很感興趣。澤爾多維奇的分析，是同時基於重力與量子理論。理想上，他如果可以用量子重力理論來做研究是最好的，不過，由於這樣的理論還不存在，因此他只能試著運用廣義相對論（從重力的觀點）與基本粒子物理（從量子的觀點）這兩個理論中的元素來完成他的推理。霍金對澤爾多維奇的推導過程抱持著懷疑，因此他決定要以自己的幾何學方法來研究這個過程。

在霍金真的以他自己的方式著手分析之後，他發現澤爾多維奇的確犯了錯誤，不過與霍金原先預想的一樣。霍金的研究確認了自旋的黑洞的確會輻射出能量，但它更證明了即使黑洞沒有自旋，也一樣能輻射能量。根據霍金的計算，「所有的」黑洞都會放出輻射，就如同貝肯斯坦的黑洞熵理論所要求的那樣。

一開始，霍金以為自己錯了。也許他用來計算的某個近似值有誤。然而，他從中卻找不出任何錯誤。而且，當他在計算輻射出來的能量特徵時，他發現，這些答案，就是接受貝肯斯坦的理論所會得出來的答案。

貝肯斯坦曾經堅持，黑洞的熵不是零。但這個想法引發眾怒，因為根據熱力學，熵的存在意味著輻射存在，然而眾人的信仰是：黑洞不會輻射。這個信仰源自於廣義相對論，而這個分析方式忽略了量子效應。霍金所發現的是，你不能忽略它：量子理論從根本上改變了事物的運作方式。他證明了，當你考慮量子效應之後，你所得出的答案，自然會與由貝肯斯坦的「熵不為零」理論所得出的輻射種類一模一樣，而這是廣義相對論所無法得出的結果。量子力學讓證明貝肯斯坦的理論是正確的，成為可能。

霍金說，當他發現這件事時，覺得很懊惱，而且還隱藏了一段時間。就像他在《時間簡史》書中所寫的：「我擔心，如果貝肯斯坦發現這件事，他會進一步把它拿來支持他的理論。」然而，誠如費曼說過的：物理學家無法告訴大自然，事物該如何運作；大自然會告訴物理學家，事物運作的方式。所以，霍金最終接受貝肯斯坦是正確的：黑洞的熵不為零，而且正比於它們視界的表面積大小；黑洞的溫度不為零；而且它們會慢慢地把吞噬進來的物質與能量轉換為輻射，再把它們輻射回太空，自己則在這個過程之中，逐漸縮小，直到最終消失為止。

霍金知道，當他在公布這個發現時，他將會遭遇到貝肯斯坦當時所遭遇到的阻力，而且他需要為自己換邊站的理由提出辯護。與貝肯斯坦不同的地方是，霍金對這個輻射的信仰，是根據確實的計算過程而來。然而，由於還未出現統一的量子重力理論，每個人都是以自己的方式，小心翼翼地把廣義相對論和量子力學混在一起，而且也都有各自的數學計算方式。只有少數的人熟悉他的幾何學方式，因此，對於這個由他所端出來的、由這兩大理論所形成的「大雜燴」，還有很大的討論空間。然而，面對即將而來的戰鬥，他毫不畏懼。

物理學家可以是一群殘忍的人

霍金決定在一個拉塞福實驗室（Rutherford Laboratory，位於牛津郡南部）舉行的研討會上，公開介紹他的黑洞輻射理論。他的言語能力已經非常糟糕，對跟他不熟的人已經很難聽懂他的話，所以他的博士班學生卡爾（Bernard Carr）也會一起出席。那時是一九七四年二月，對英格蘭而言，是一個寒冷陰暗的月份。霍金不確定，公開發表這個理論，是不是一個好想法。不過，他在博士班時的指導教授夏瑪也是此次研討會的主辦人，對於霍金最新的這個發現，夏瑪覺得非常有興趣。此外，里斯與潘洛斯也都很感興趣。他們都相信他的結果，不過，他們也都是他的朋友。

由於他的發音咬字已經很不清晰，霍金的計畫是讓卡爾把他要講的內容文字稿，寫成投影片，並投影到布幕上，這樣大家就能跟得上他的演講。霍金並不預期，所有人都能立刻了解他所用到的數學內容，不過他確信，自己的論證是正確無誤的。而且，在演講之後的問答時間裡，他也很有信心，可以回答任何問題。

研討會當天排滿了很多演講。當霍金在某個演講廳裡面聽演講時，珍坐在茶水間裡面等他。這個茶水間預計在十一點時開放。此時有幾位女清潔工也在那裡休息，喝著咖啡，抽著菸。雖然霍金還沒開始演講，珍已經收到關於她丈夫的第一個評價，不是關於他的研究，而是關於他這個人——從這些女人那裡來的。

「其中有一個，那個年輕的傢伙，他是靠借來的時間活著，不是嗎？」某人說道。

另一人說：「看起來他整個人好像快要散開了。」聽的人笑了。

聽在珍的耳朵裡，這很明顯地是在講霍金。她試著忽略她們，不過，她們也讓她開始思考。她已經習慣了霍金的病情。無論在外人的眼光裡，他看起來有多麼脆弱，對她而言，他看起來都是正常的。當然，每當他的身體出現一次下坡，她都能注意到，但是，她也都能很快地適應這個變化，而這個變化很快就成了新常態。她的適應能力是一個祝福，讓她可以在和丈夫相處時，不用時時想著籠罩在他身上的死亡威脅。它讓她對於未來，還是能擁抱希望與夢想。然而，從這些客觀的外人那裡所聽到的「提醒」——衰弱的身軀，以及瀕臨死亡的現實——就像把她扔進冰桶裡一樣！

在那幾位女清潔工離開之後，霍金坐著輪椅來到了茶水間，完全沒注意到剛剛發生的事。跟她們一樣，他也是跳過了茶，去倒了咖啡喝。幾分鐘之後，他站上了講台，在燈光下，讀著投影片發表演說。

我聽過一個關於在柏克萊舉行的研討會的故事。主講人站在前面，在發表演講時，偶爾會轉過身去，在黑板上寫下一兩條方程式。教室大約有十五列的座椅，每一列有十幾個座位，在中央有一個走道。當演講進行到一半時，有一位很有名的教授，坐在前排的中間位置，拿出他的筆，用大寫字母在他的保麗龍杯上大大地寫出「THIS IS BS」（這是胡扯）。他把這個杯子舉過頭，前前後後，輕輕的轉動著，除了主講人之外，讓每一個在他後面的人，都看得到他的意見。然後，他起身，一言不發地走出教室。

物理學家可以是一群殘忍的人。特別是當你散播的言論與他們公認的福音不同，而且用的還是他們不熟悉的語言。霍金知道這些事。在他晚年時，他自己也要過類似的噱頭。

有一次，當一位博士後研究員正在發表研究成果時，他讓他的輪椅在原地高速打轉，打斷正在進行的演講。在那段時間裡，他的身體雖然虛弱，但在智性上，他可以接受任何硬漢的挑戰。然而，那些年還沒來，霍金還沒那麼勇猛，在物理圖騰的竿子上，他也還沒有排上那麼高的位置。

在物理學家的早期生涯裡，你比較容易會害怕別人，而不是讓人感到害怕。別的年輕物理學家可能會要求穩，不想冒險，而拒絕「現場直播」。他或她可能只是把研究論文直接寄到《自然》(*Nature*)雜誌，讓它幫自己說話。然而，如果霍金的聲音聽起來有些虛弱與顫抖，那是因為他的疾病，而不是因為現場聽眾的負面反應而感到畏縮。對於這次的發表，他雖然有些擔心，但絕對沒有要逃避的打算。

他緩慢而穩定地朗讀完投影片。然後就結束了。沒有任何掌聲。沒有因激動而產生的竊竊私語。整個演講廳鴉雀無聲。他們有聽懂他的演講嗎？是不是聽一半就失去興趣了？他們是不相信還是嚇壞了？對聽眾而言，他的演講是鎮靜劑，還是電擊棒？稍後事實證明，答案是後者。在那一天，那些女清潔工對他的評價，反倒是最仁慈的批評。

演講廳在安靜了一下子之後，主持人泰勒(John G. Taylor)跳出來打破沉默。他說道：「好吧，這個相當荒謬。我從來沒聽過類似的說法。我別無選擇，這場討論就此結束。」

就這樣，泰勒把霍金「封殺」了。他沒有如往常一樣對主講人致謝，也沒有如往常一樣舉行問答時間。

在這個發表之後不久，霍金以〈黑洞爆炸？〉(Black Hole Explosions?) 為題，寫了一篇論文，寄到《自然》雜誌。在此同時，泰勒也寫了一篇文章投到《自然》，內容是駁斥霍金的想法。結果，泰勒的文章被接受了，而霍金則是被退稿。霍金後來得知，那個決定退他文章的人是泰勒，因為《自然》指派了泰勒當霍金的審稿人。霍金對這個決定提出上訴，第二位審稿人則推翻了最初退稿的決定。這篇文章在該年稍後刊出。

霍金並沒有像某些人一樣，在這次的抗爭之中退縮，或是感到被羞辱。珍注意到，他是用一種「好的幽默方式」來和泰勒抗爭，然而，這個抗爭也「再次增強了他想戰勝所有困難的決心，無論是生理的或是物理的」。

在那些日子裡，霍金通常得不到他應享有的尊敬。他很容易被忽略或輕視。在劍橋，他甚至沒辦法有自己的研究室，還必須要和另一位同事共用一間研究室。的確，他還沒有因為霍金輻射而成為超級明星，但他真的已經完成了幾件重大的研究工作。即使如此，在某次劍橋大學的晚宴裡，某位資深人士在講到霍金時，對於讓他與別人共用一間研究室這件事，彷彿是幫了一個大忙那樣。這個人說道：「只要霍金持續做出貢獻，他就能留在這所大學。不過，只要他一停下來，他就得離開。」

在霍金出名之前，曾經有一次，他駕著輪椅走在帕薩迪納的路邊時，還有人把他攔下來，塞給他一些現金。這位路人同情霍金，並且假設，由於他的殘障，在生活上也是貧困的。而且，從他對霍金的說話方式來看，他也認為霍金的心智是有缺陷的。在霍金成為公眾人物之前，大多數的陌生人都會用這樣的眼光看他，認為他是一個瑕疵品。他們的反應都是憑直覺，而不是根據事實，或經過仔細觀察產生的。大家對待他的方式，總是把他虛弱的身體等同於他也有虛弱的心智一樣。所幸，這沒有羞辱到他，或是讓他生氣。他只是一笑置之。

證實存在霍金幅射

一九七四年八月，也就是在拉塞福實驗室那個研討會之後的一個月，霍金來到帕薩迪納，以費爾柴爾德傑出學者（Sherman Fairchild Distinguished Scholar）的身分，開始他在加州理工學院為期一年的訪問研究。就是這一趟訪問研究，開啟了他每年固定造訪加州理工的習慣。他成了那裡的常客，通常每次都會停留一個月。這些行程都是由他的好友索恩負責安排的。

索恩與霍金的年紀相當，是位研究古典相對論（未考慮量子修正，原始的愛因斯坦理論）的物理學家。在加州理工學院，物理學家光譜的另一端有兩位諾貝爾獎得主，專長是在量子理學領域，大體而言是和廣義相對論無關的。他們是那個時代最有影響力的兩位物理學家：默里·蓋爾曼（Murray Gell-Mann）與理查·費曼。

從霍金的「費爾柴爾德年」起算，十年之後，我到加州理工學院任教，辦公室就在蓋爾曼的隔壁，走廊的另一端則是費曼的研究室。對我以及大多數的人而言，蓋爾曼就是「默里」，名如其人：跟他不熟時，他是個害羞的人，熟識之後，就會知道他的好。他最著名的成就，是發現一套數學方法，用以分類與了解基本粒子的特性。這項成就讓他與發明化學元素周期表的門得列夫（Dmitri Mendeleev）齊名。

對很少數的一群人而言，費曼是個「混球」。他最重要的貢獻是發展出「費曼圖」，這是一個可用以表達量子理論概念的新方法，還可以應用來做很多計算。跟霍金一樣，他也是發明出自己的圖像法與計算方式，而與霍金的方法不同的是，他的方法可以廣泛地運用在量子力學裡，而且這個方法成了基本粒子物理裡的標準工具。

默里與費曼既是朋友，也是競爭對手，而且他們還有一個共同點：當他們不同意演講者所發表的理論時，他們是一點都不會客氣的。一九七四年秋天，在加州理工每週固定的物理討論會上，霍金第二次發表霍金輻射的重要演講時，他們兩位都在場。霍金的學生卡爾，也陪著他一起來帕薩迪納，而且也再次在霍金的演講中，幫他的投影片翻頁。

在那個時候，大家都已經聽過霍金的理論了，而且這次，大家的反應也比較有禮貌。在整個演講過程中，默里沒有表示太多意見，不過，也沒有拿報紙出來讀，有時他會用這個方式來表示他沒有興趣。費曼如果不喜歡他所聽到的東西，他會直接站起來，走出演講廳。但是這一次，他留在那裡，問了一些問題，還表達了一些意見。他甚至在信封的背後，隨手記了一些筆記。

在物理學家之中，費曼是個活生生的傳奇人物。卡爾與霍金都算是他的頭號粉絲。一九八〇年代，在他出版幾本自傳與生活軼事的暢銷書之後，特別是在他出任總統授命成立的委員會，調查一九八六年挑戰者號（Challenger）太空梭爆炸失事的原因之後，他在社會大眾之間享有盛名。在擔任委員期間，他刻意與政府相關的成員保持距離，最後成為批判美國太空總署罔顧安全守則最嚴厲的聲音，尤其針對他們在飛行條件不佳的情形下，輕忽風險的習性。然後，他一手找出釀成悲劇的原因：他們在嚴寒的氣候下發射太空梭，結果讓稱為O環的橡膠圈，因低溫失去彈性，密封不良而導致漏氣。他在全國聯播的電視節目上，戲劇性地把O環丟進面前的一杯冰水中，之後再把它倒到桌面上。結果這個O環硬得跟鐵鎚一樣。

當卡爾看到費曼在演講期間做筆記時，他感到備受鼓舞。不過，他稍後注意到，費曼把那個信封丟進垃圾桶裡。卡爾覺得很失望。這個信封的歸宿，意味著費曼並不很感興趣。不過，卡爾還是把它從垃圾桶撿回來，當成一個紀念品。上面有十幾條方程式，還有一幅費曼畫著卡爾的塗鴉。卡爾仍然保留著那個信封。

在那個討論會之後不久，費曼去了霍金的研究室，卡爾也在場。費曼說，關於霍金的研究，他還有一些問題。他看起來持保留態度。霍金的口語已經扭曲到難以聽懂的地步，而且現場沒有投影片可以輔助說明，所以必須由卡爾來翻譯。

幾天之後，費曼又到霍金的研究室。他以他自己的費曼圖重新計算，推理了一次霍金的發現。這一次，他相信霍金了！然而，還不是量子力學專家的霍金，並不很熟悉費曼的方法，不過，這些方法最終成為他最喜愛的思考工具，也和費曼成了朋友。

在霍金提出他的發現之後不久，愈來愈多的理論學家開始接受他的想法。通常，他們和費曼一樣，會用自己的方法重新推導一次霍金的結果。這些不同的推導方法，也陸續出現在出版的論文中。迄今，已有無數的物理學家，透過他們各自整合出來的廣義相對論與量子力學，以不同的方法，但都得出相同的結果。所以，雖然還沒有任何的實驗可以證實霍金輻射的存在，但這已經是一個公認的結果了。

諷刺的是，最後一位反抗者是澤爾多維奇，這位用他的自旋黑洞理論把霍金帶上這條路的人。他在一九七五年九月的一個晚上，結束了他的反對立場。澤爾多維奇打了電話給索恩，那時他到莫斯科訪問，正在打包行李準備回國。他堅持要索恩到他的公寓一趟。當索恩抵達之後，澤爾多維奇興高采烈地歡迎他。經過一年的嘗試，他發現自己在計算上的一個錯誤，他改正了它，而且，他也得出了霍金輻射。他對此開懷大笑。這個由新發現所帶來的喜悅，不會因為它意味著你原先是錯的，而有絲毫的改變。

造訪加州理工的軼事

十多年來，霍金每年都要來加州理工「朝聖」一次。其中有一回，我們希望利用那段時間，來趕我們寫書的進度。費曼在一九八八年過世。默里那時已將近八十歲，而且從九〇年代便退休，轉往新墨西哥州的聖塔菲研究所（Santa Fe Institute）任職。不過，索恩當時還是很活躍，現在還主持一個數值相對論的研究群組，這在當時是個新領域，是理論學家以寫程式、電腦數值的方法，來「求解」廣義相對論的方程式，而不是直接以代數的方式來得出方程式的解。這個研究方式的缺點是，你只能得出圖形或一組數字，而不是我們從傳統方法中所得出的、那種有物理意義的數學方程式。而它的優點則是，有一組數字還是比「什麼都沒有」要強一些；這也是我們試著去求解方程式時，最終會得出的結果：解不出來。索恩的研究群組專注在黑洞之間的碰撞，或是黑洞與中子星的碰撞問題。目標在精確描述由這些碰撞所發射出來的重力波，供LIGO重力波天文台裡的科學家觀測之用；LIGO是由索恩與魏斯（Rainer "Rai" Weiss）等人於一九八四年時領導創建的科研計畫。

在我們開始工作的那一天，我邀霍金到我家一起晚餐，同行的還有他負責那晚的看護瓊，她也跟他一起來到帕薩迪納。我覺得很不好意思，我沒辦法邀請所有的看護，以及這次跟霍金一起來的人，因為我跟他們每個人都很熟。不過，他的隨行人員實在太多，我不得不限制人數。

霍金的看護工作是個複雜的任務，特別是他出門在外的時候。即使是夜班也不容易。夜班的工作，從霍金準備上床就寢開始。在溝通上，他會說：「我們現在開始吧。」這句話的意思是：「讓我們到另一個房間，開始準備就寢吧。」之所以用這樣的縮寫語句是因為，如果有客人在的時候，這個說法比起直接說「我現在要睡覺了」要有禮貌一些。一旦他說出這句話，負責的看護就會打斷當時的談話，並告訴訪客，已經到了霍金就寢的時間，聽起來就像是看護自己的意思。有時候，霍金只是想擺脫訪客而這麼說，待訪客離開之後，他會取消這個請求：他喜歡在睡前花一個小時處理電子郵件。又或者，當他離家在外時，他會想先吃個睡前點心再就寢。他最喜歡的荷包蛋與馬鈴薯泥。

當霍金真的要睡覺的時候，負責傍晚與大夜班的看護人員，在班表上需要有大約一個小時的重疊。首先，每個晚上都需要泡澡。他很喜歡泡澡，而且喜歡用很熱的水。在家裡的時候，他們會先幫他脫衣服，再在他的身上裝一個吊索，然後利用天花板的舉重器把他移到浴缸裡。但如果在外旅行，他們就得用手來把他搬進浴缸。當他在泡澡時，看護則忙著去熱浴巾，然後鋪在輪椅上。等他起來之後，他們會再用更多的毛巾把他裹起來，然後放到輪椅上。接著他們會打開「霧化器」，保持房間空氣的濕度。更換氣切口的管子，幫他換上睡衣，再把他放上床。在他生命中的最後幾年，他整晚都需要使用呼吸機，所以，幫他把呼吸機接好，也是夜晚看護的例行工作。

躺上床後的霍金，由於溝通比平常還要困難，所以是他最為脆弱的狀態。如果他想要某樣東西，但又無法透過臉部的表情來表達時，負責的看護就得從指著拼字板上的字母開始溝通。霍金的看護必須很小心地照料他。每當他在半夜醒來，他們得搞清楚他是否有什麼需求。每個晚上都會有個十多次，霍金會用他的眼睛來告訴看護，幫他調整枕頭的位置或方向。由於他無法像我們正常人一樣地翻身，所以他很容易就會覺得不舒服，特別是骨頭會痛。此外，夜晚的看護還得留心聽著他氣切口的聲音，確保他的呼吸順暢。在他熟睡之後，每隔幾個小時，他們得準備維他命，與液體混合，直接從胃造口餵食。他的一位看護薇薇安（Viv）說：「你怎麼照顧一位新生嬰兒，我們就怎麼照顧霍金。我們所有的人都這樣。每當我在交班的時候，只要他還活著，我就覺得自己有把這個班當好。因為他還活著。因為我讓他能活著。」

他來我家吃飯的這一晚，當他與他的看護搭著改裝過後的廂型車抵達時，其他的賓客都已經到了。不過，我家並沒有經過特別改裝。我想，我自己再加上其他幾位客人的合作，應該可以把他和他的輪椅一起抬起來，爬過我家前門那五六階樓梯。不過，實際情況並沒有那麼簡單。他的這架「重型輪椅」上面有著馬達、電池，還有電腦螢幕。當然，上面還坐著霍金。雖然他的個頭不高，而且一直都很清瘦，在那一晚，他的體重大約只有九十磅而已。雖然我們可以把他抬起來，不過我知道他已經厭惡了只有樓梯，而沒有殘障坡道的房子。所以，我鋸了一段木頭，把它丟在樓梯上，為他做了一條坡道。

對於類似的私人聚會，霍金不會介意這種把他抬上樓梯的做法，但在公共場所，他對於沒有殘障設施的建築很沒耐心。他知道，與大多數的殘障人士相比，他過得很好。因此，如果他會覺得困難，那麼其他人的處境必定更糟，因此每當遇到沒有為殘障人士考量的情形，都會讓他很生氣。

有一次，薇薇安帶著他去斯特拉特福（Stratford-On-Avon，英國市鎮，在埃馮河畔，莎士比亞的故鄉）看他的母親。他們去的一家餐廳，位在由國民信託（National Trust）所管理的一棟歷史古建築裡。當時，霍金想上廁所，所以他跟薇薇安說他「需要瓶子」。這是他們之間的密語，這個瓶子是指一個塑膠製的小便斗。他們需要到廁所，但是，這家餐廳並沒有殘障廁所。當薇薇安還在尋找合適的地點時，霍金要求把他推到廚房後面附近的地方。這讓她有點困惑。她告訴他，這個想法好像不太好，不過，他堅持要這麼做。她照著做了。照著做比討論要快多了。

當他們到達那裡之後，霍金說：「我需要那個瓶子。」

薇薇安想把他推離那裡，去找個比較有隱私的地方。但是，當她開始推動輪椅的時候，從霍金的嘴巴與鼻子也開始發出一些表達生氣的噪音與含糊不清的話語。薇薇安停了下來。

「我需要留在這裡。」霍金調高他的音量說道。

薇薇安回答：「你不能在這裡那樣！」她應該也是挺大聲的，因為現在主廚走了出來。

「怎麼回事？」他問。

「殘障廁所。」霍金回答，音量還是很大。

主廚回答說：「對不起，我們這裡沒有殘障廁所。」但是他的表情則是在說：他們怎麼會覺得廚房這裡有殘障廁所呢？他搖著頭，又走回廚房去了。

霍金狠狠地瞪著薇薇安並說道：「我需要那個瓶子。」

薇薇安把他推到在廚房後門外的樹籬裡，盡她可能地遠離主屋。霍金在那裡小解。之後，當她把他從樹籬推出來之後，霍金說：

「把它倒在這裡。」

「我做不到。」薇薇安說：「廚房就在這裡！」

「倒掉。」霍金又說了一次。

就在薇薇安屈服之際，開始把瓶子裡的尿液倒到樹籬下的土地時，那位廚師又走了出來。當他弄清楚他們正在做什麼的時候，他勃然大怒。就在他長篇大論的時候，霍金說話了。

「殘障廁所。」霍金說著，而且還是用高音量。在這些機器讀出這些字的同時，霍金露出生氣表情的鬼臉，這回換他勃然大怒了。

廚師一下子嚇住了，不過，薇薇安不想留在那裡繼續吵下去。她急忙把他推開。這次的事件讓薇薇安覺得很尷尬。照顧霍金，讓她有很多尷尬的經驗。一年多以後，霍金想再到那家餐廳去。薇薇安帶著他一起去了。這一次，他們加裝了殘障廁所。

對於我把房子稍加改裝的事，霍金顯得很感動。不過，他不知道，我是聽了這個故事之後，知道會有什麼後果才做的。這次的聚會，他在我家停留滿久的時間，看起來似乎是滿愉快的。那一晚，我的朋友之中，除了一位諾貝爾獎得主而且與他熟識的人之外，每個人對他都有一點敬畏的感覺。在那個年代的加州理工，好像除了我以外的同事，每個人都得過諾貝爾獎。由於有多個平行宇宙存在，我想，或許我也得過諾貝爾獎，只不過是在另一個宇宙裡。

人們總是覺得很好奇，為什麼霍金發現霍金輻射，卻沒有得到諾貝爾獎。當晚宴會中的一位朋友，顯然也是覺得很好奇。不過，他如果能在宴會前或是宴會後問我，我都能跟他好好解釋。誰知他竟然在宴會中提問，並且他不是問我，而是直接去問霍金！

這讓我有點不舒服，不過，這倒是沒有讓霍金覺得掃興。那時已經很晚，霍金也累了，而回答這個問題，需要花一點時間在打字上。在等他回覆的這段時間，話題轉到班卓琴上，這是那位諾貝爾獎得主非常著迷的樂器。這讓在場的每個客人都覺得很驚訝。大家很難把一位弦論專家與他的班卓琴造詣聯想在一起。然後，終於，霍金打完字了，配合著實事求是的臉部表情，他說：「需要能觀察到它。」我們全都回想了一下，然後理解到他指的是什麼意思。接下來由我幫他把空白填滿。由於這個輻射還沒有被觀察到——因此他還沒有獲頒諾貝爾獎。

諾貝爾獎的頒發總有很多爭議。很多時候，他們輕忽了正確的人選，而把獎錯頒給別人。有時，他們頒給某個未經確實驗證的東西，而忽略了某個真正的科學進展。然而，諾貝爾獎委員會似乎像是有一個一致的準則：一個理論上的進展，在未獲得實驗或觀察的證實之前，是不會得獎的（而且，讓我們所有做理論的人覺得很討厭的是，就算是到了那個時候，他們也常常把獎項頒給做實驗的人，而不是那些指引突破的理論學家）。

對霍金而言，很不幸的事實是，有很多阻礙阻擋了我們對霍金輻射的觀察。例如，在能觀察到黑洞的輻射之前，你要先能夠確定哪裡有黑洞。第一個被大家廣為接受的天體，就是我先前所提到的天鵝座X-1。這是從一九七〇年代一直到一九九〇年代初期，經歷了數百位科學家，二十多年的努力研究，才建立起來的信心。在那段期間，霍金與索恩打賭，賭它不是一個黑洞。他的理由是，他希望它是一個黑洞，而以相反的願望來打賭，不論輸贏，結果都算是賭贏的。從那時起，我們已經找到很多個黑洞了。事實上，在每一個大型的星系中心，似乎都有一個黑洞存在。

除此之外還有一個問題：黑洞的「霍金溫度」，基本上是比百萬分之一度還低。它非常接近絕對零度，是我們今日科技根本無法偵測到的低溫。還有，黑洞要透過輻射而損失到一個可以觀測得到的質量，基本上需要大約10^{67}年的時間。這是一個久到讓人難以想像的時間（我們宇宙目前的年紀是10^{10}年而已）。因此，我們無法從黑洞上觀測到任何的萎縮。

不過，在二〇一九年，也就是霍金逝世一年多以後，出現了霍金輻射的「非直接證據」。一群在以色列理工學院（Technion）的物理學家做了一個實驗，他們做出一個黑洞的「聲波類比」（sonic analogy）。考慮流體的流速大於聲速的情況。[15]由於流速很快，如果聲源位在這個流動的流體內，那麼根據預期，聲波無法從聲源的後方傳出來——聲音無法超越自身流體的流速。這個模型與黑洞之間的類比關係是，沒有任何訊號（例如光子）可以從黑洞的重力場中脫逃出來。在這個聲波類比的模型裡，科學家的問題是，他們能否觀測到類比於霍金輻射的現象？

15 聲速在不同的介質裡有不同的速率。我在這裡所說的聲速，是指在這個特殊流體中的聲速大小。

在這個以色列理工學院的實驗裡，他們所用的流體由十萬個超冷的銣原子所組成。它們扮演著黑洞的角色。聲音的量子稱為聲子（phonon），則是扮演光子（光量子）的角色。科學家發現，的確有一些聲子從「聲波黑洞」中逃脫，它們的特徵與霍金預測的脫逃能量一致。如果霍金還活著，這些也許已經足夠讓他得到諾貝爾獎。不過，遺憾的是，諾貝爾獎沒有追贈給過世的人的先例。

霍金輻射的重要性在於，它是第一個重要的實例，讓我們知道可以把廣義相對論與量子理論應用在同一個系統上。目前，我們還沒有完整的量子重力理論，不過，把黑洞作為結合廣義相對論和量子理論的數學實驗室，對於這門難以捉摸的新學問，物理學家已經能從中學到一些相關的性質與原理。

第八章

無法改變的「霍金時間」

宴會後的隔天早上，我覺得自己有些不耐煩。前天，我們一點實質的進度也沒有。此時，我們肩並肩地坐著，我盯著霍金，他則盯著螢幕打字，輸入對於我們這本書的長篇（對他而言）意見，以及他想說的話。他質疑這本書的「基本思路」。儘管這在好幾個月之前，我們已經為此制定了詳盡的計畫，而且也是經過我們雙方同意的。何況在全書計畫的八個章節裡，我們已經寫好了其中的五章。那些日子以來，我會說一些個人的意見，他也都會回答。我們交換著想法，其中有些想法還很不錯。為什麼他現在又要變卦呢？這是想要避免寫作的拖延症嗎？我覺得不是。雖然霍金的心理狀態是一如既往地健康，但不知為何，我們的書卻陷入了中年危機。

那天早上，我們約在雅典娜神殿（Athenaeum）碰面，那裡是加州理工的教職員俱樂部，計畫先吃過午餐，再去霍金的研究室。霍金大概晚了半個小時才到。事實上，他這一次的遲到，真的算是我的錯，因為昨晚的宴會，我們把他留得太晚了。不過，他也常常對自己所說的時間遲到。這倒是可以理解的。因為在早上出門之前，他需要有很多的準備工作。凡事都可能會有延遲。所以，如果能先撥個電話通知一下，會讓人感覺好很多。但是我從來沒有接過這樣的電話。這就像火車誤點一樣，你可以選擇要不要搭車，但是你沒辦法改變它。人們把它稱為「霍金時間」。

本地人都很喜歡雅典娜神殿：紅瓦屋頂，有許多拱門，充滿了西班牙與義大利別墅的元素，是一棟地中海文藝復興式的建築。用餐的飯廳有二十英尺高的鍍金天花板，搭配落地窗，華麗的枝形吊燈，深色的原木，還有我最喜歡的：多位已故科學巨人的油畫像。這個「雅典娜」一般被認作是一個歷史悠久的地方。不過，就如同時空一樣，歷史悠久與否，取決於觀察者。劍橋大學最早可以追溯到西元一二三一年，由國王亨利三世特許建立。在那裡，即使是某個新增的附加建築，都比加州理工的任何建築要老個幾百歲。所以，對霍金而言，大家對雅典娜的崇敬之情，他一定覺得很有趣。不過，值得再說一次的是，劍橋可沒有擁有冬日溫暖的陽光，以及無處不在的輪椅通道。

雖然雅典娜的氣氛無法跟凱斯學院相比，但食物卻可以。霍金此時就跟軍隊一樣，要先餵飽才能打仗。今天的主菜是烤牛肉。這讓霍金覺得跟在家裡一樣。不過，現在已經到了供餐的尾聲了，這個意思是除了霍金之外，大家都已經快要吃飽了。

我覺得有點緊張，因為我整個早上都在盤算著昨天是怎麼過的。從他抵達之後，昨天是我們正式一起工作的第一天。反省之後，我覺得，我們的互動方式讓我有些煩躁。這不只是因為我們重新檢討了先前已經做好的決定，而且，對於在幾個月前，他答應在來帕薩迪納之前要完成的工作，似乎一項也沒做。回到我剛剛著手寫這本書的時候，那時費曼已處於癌症末期。費曼曾告訴我，檢查一段關係，或是回顧你的一生，雖然有些用處，但是，如果你覺得快樂的話，最好避免去做這些事。不過，現在的我不覺得快樂，所以，雖然我不是很喜歡討論關係的話題，但是我覺得，我需要跟霍金聊一聊。

這種私人的對話，不會是我希望在午餐時做的事，我也不希望有其他人在場，所以我決定先保留一下。當然，就霍金的情形，你的身邊總會有其他人，或者是「幾乎總是」。今天一起吃午餐的有兩位看護：大衛與瑪麗。瑪麗是目前當值的人。到研究室之後，大衛就不會跟我們在一起，所以，我想我可以等到瑪麗去洗手間的時候再來跟他談。我在等待時機，等待午餐結束。然而，霍金卻吃得比平常要慢得多。

「來吧，再多吃一口。」瑪麗說道。

霍金向下扭曲他的嘴巴，意思是：我不要。

「啊！來嘛！很好吃喔！打開嘴，再吃一口！你吃得下的！你最近都沒吃什麼東西。」她把手放在他的手上，以緩慢的、過度熱情的語調，就像是在跟嬰兒說話那樣。霍金的確是需要像嬰兒般地接受照顧，但是你並不需要用那樣的方式跟他說話。然而，他的某些看護卻還是這麼做。

每一位看護人員都有他們各自的風格。他們所有的人似乎都愛他，但都是用各自的方式來愛他。有些是嚴肅的中年大嬸型。有些則會和他打情罵俏；這些人會穿著緊身的低胸上衣，當她們必須傾身去調整他的身體時，她們會確定他服用了「某個劑量」的胸部。瑪麗不是這個類型。她的外型就像個中年大嬸，風格也與外型相匹配。她對待霍金的方式，就像對待嬰兒一樣，而且，她也不是唯一的一個。這個方式似乎有效，因為霍金張開嘴了。她用湯匙餵食，然後拿餐巾紙把臉頰擦乾淨。無論是和他打情罵俏，或是像個嬰兒般待他，霍金都不會拒絕。他們知道有外人在場時，不要用這兩個方式待他，但是私底下，或是跟熟人朋友一起時，這兩種方式，他似乎都喜歡。

霍金吸引人們想去照顧他，是很容易理解的。但是他也讓人很容易喜歡上他。我幾乎從一開始就有這種感覺。其中的部分原因是他的眼睛：藍色的、充滿個性。它們可以給人極大的溫暖。它們可以和你說話。它們會讓你產生連接。對於那些是他朋友的人，它們深情。對那些不認識他的人來說，它們很吸引人。對於那些討厭他的人，它們會讓人解除武裝。當他痛苦時，他會把它們擠成一團，你也會感同身受。如果你讓他生氣，他的眼睛會讓你希望自己沒有那樣做。

在等霍金吃完飯的時間裡，我跟大衛聊了起來。結果不知怎麼地，我們竟然開始比腕力。我們已經僵持了幾分鐘，還沒分出勝負，累得我倆氣喘吁吁。當瑪麗招手請人過來收盤子的時候，霍金看著我們的腕力大賽。

「你們有什麼甜點？」她問這位在餐廳打工的工讀生，「它必須不含麩質。」

霍金總是吃不含麩質的食物，儘管有些時候，這很方便也不突兀，不過，我偶爾會看到看護餵給他的食物是含有麩質的。但這似乎從未造成任何不良影響。另一方面，霍金至少跟一個朋友說過，他並不真的對麩質過敏。那麼，為什麼他允許或要求看護要那樣限制飲食呢？這對我來說是個謎，但我從未問過。在這種情況下，這並不重要，因為霍金的鬼臉表明他不想吃任何甜點。然後他又回頭看著我們比腕力。

我在想，霍金會不會覺得我們的行為幼稚或令人討厭，有失莊重。但是他似乎並不介意。有時候，他喜歡看到別人做他做不到的事情。在酒吧裡，我注意到，如果有年輕人在跳舞，他也喜歡看。但是我想他終於看夠了我們的腕力比賽，因為在這一瞬間，他說：「走吧。」

我起身紮好襯衫。我知道，我們很快就會走到他的研究室，我決定，在瑪麗離開去補妝的時候，我就要提出我的問題。我和霍金辯論過很多事情，不過，這一次並不是一個智性上的討論。我也想知道霍金在討論個人問題時，他的風格是什麼。畢竟，他是屬於搖滾明星那個層級，如果人們對他有什麼不愉快，大多數人都會傾向於不說出來。想到他的溝通緩慢，並不會讓事情變得更容易。在討論關於宇宙的量子起源時，為了幾句話，等待個七分鐘是一回事，但是這種私人話題，可能會讓人感到不舒服。誰會想在慢動作中，討論這些讓人不舒服的話題？

我曾經聽說過，一種良好的關係並不是毫無衝突的關係，而是一種在彼此相愛，或至少相互尊重的情況下，可以解決衝突的關係。如果你的另一半，在早上泡咖啡時，泡得比你平常喝的味道要淡時，你應該說：嘿，親愛的，可否麻煩下次多加一些咖啡粉，讓我們兩個都喜歡的味道？這樣的說法應該會引來這樣的回答：當然，親愛的！然而，在我的某些關係裡，其中的交流方式更像是：嘿，咖啡太淡了。然後反應是：下次你自己泡吧！霍金和我的關係會是什麼類型？我想，我必須說出來的話，以及他的回答方式，對即將發生的事情可能是個考驗。這可能是有助於我們之間關係的一個談話，但是如果它朝另一個方向發展，則可能會讓我們未來的合作關係變得有些尷尬。

瑪麗輕拍著霍金的臉頰正準備離開，而我也起身離開我的座位，但就在這一瞬間，默里走了進來。顯然，他是從新墨西哥來訪。從他自九〇年代離開加州理工學院之後，我只有偶爾會看到他。我想著，每次見到他時，他的頭髮都變得更白一些，他的姿勢也更佝僂一些。儘管他仍在七十多歲的後段班，但感覺他不像以前那麼敏銳——當然這並不會讓我想在物理競賽裡向他挑戰。與默里相比，幾乎看不出來霍金有年齡上的變化。在我與他相識的那些年裡，我沒有看到霍金出現明顯衰退，尤其是在知識領域。不過，他的溝通速度倒是有些變慢，而他的閱讀能力，也由於他的眼睛控制能力而減慢了。

我向默里打招呼，默里隨後以一個很大的微笑轉向霍金。他站在霍金的身旁。「你好，霍金！」他熱情地說著。「很高興見到你！」霍金什麼也沒說，只是把目光對準了默里，露出了大大的微笑，並保持了片刻。

「我不會占用您的時間，」默里說。「我剛剛看到您在這裡，想打個招呼。您看起來很不錯！」霍金又露出了另一個微笑，這雖是一個較短的微笑，但是眼神裡看得出他的感謝之意。

這樣，默里就離開了。霍金欠默里一個大人情。早在一九八五年八月，霍金剛進行氣管造口手術，很明顯的，如果沒有全天候的護理服務，霍金是無法活下來的。然而全日制護理服務的費用昂貴，既不在英國的國民保健署（National Health Service）的給付範圍內，霍金也負擔不起。索恩建議霍金向麥克阿瑟基金會（MacArthur Foundation）尋求經濟支援。當時仍在加州理工學院任職的默里是基金會的董事會成員。因此，一連串慷慨的贈款，讓霍金在書本大賣之前，就有能力聘請看護人。

這些不是基金會通常會授予的贈款。麥克阿瑟以其「天才補助金」而聞名：一次性補助金，通常是頒給在各個藝術和科學領域中，有需要，雖未被認可，但有前景的年輕人。實際上，這筆天才補助金，往往會頒給那些已經很有名又富裕的人。當時四十三歲的霍金，與所有獲頒這筆贈款的人一樣，都是天才，但還不是名人——他才剛開始寫《時間簡史》，而且，當時的他的確需要這筆錢。

在物理學中，你不會因發現的東西而獲得報酬。你發表你的作品，而作為交換，你會在大學裡謀得一個終身教職，以及得到解決某些問題的成就感。你應該對合理的薪水，和一份讓你可以去做自己喜歡的事情的穩定工作，感到滿意。一九八五年，霍金的年薪約為二萬五千美元。如果你罹患有漸凍人症，那麼這份收入不算太高。幸運的是，在那時候，雖然還不到世界知名的地步，但是，霍金輻射的研究已讓他在物理學界小有名氣。他的名字本就已經在地圖上了，但是在霍金輻射之後，他的名字就被用最大號的字體寫了出來，因此麥克阿瑟基金會很樂意提供幫助，並將錢交給劍橋大學來管理。

霍金與珍都對此表示感謝，並對其他患有漸凍人症、但未發現霍金輻射的人感到難過。他們會被自己國家所提供的醫療服務所困：在療養院裡的一張床，他們會被孤立、被隔離，相對無人看管，幾乎沒有外在刺激。在那種條件下，霍金在氣切之後的幾年內，任何一次的險境，可能都是致命的。如果沒有這個全天候的看護服務，霍金曾經說過：「我只會活五天，然後就會死掉。」

一個包括所有人的「大家庭」

在我認識霍金的那些年裡，照看霍金的看護人員並不是護士，但是早期照顧他的人卻都是護士。一九八五年麥克阿瑟基金會資助的看護職位中，伊蓮（Elaine Mason）是申請人之一，她是位身材高大的女人，有著長長的波浪形紅頭髮。她當時是阿登布魯克醫院（Addenbrooke's Hospital）的護士，但更喜歡專心照顧一名慢性病患者。她有照顧他人的豐富經驗，其中包括在一九七一年孟加拉戰爭之後，撫養傷者四年的經驗。因此，她得到了工作。

我先前提到過，在霍金的照顧上有很多不同的風格。伊蓮全部都會。作為一名認真的護士，在未來幾年內，她不只一次地挽救過他的生命。她有時也會像對待嬰兒般呵護他，而且是用有趣的方式。而且她絕對知道該如何調情。伊蓮迅速成為霍金最喜歡的一位看護。霍金那時四十多歲。伊蓮則只有三十多歲，是個會滑滑板的帥氣女性。傳聞霍金從哈佛獲得榮譽博士學位時，她因感到無聊，而開始翻起筋斗。如果霍金因補償心理，而喜歡觀看別人從事體能活動的話，那麼伊蓮無疑是一個很好的玩伴。把他們聯繫在一起的原因之一可能是，如果他可以自由地活動他的身體，他也會希望像她一樣的帥氣與搶眼。

從她的角度，伊蓮並沒有因為霍金的身體狀況而感到不安。恰恰相反的是：她被吸引了。她的第一任丈夫梅森（David Mason）說，伊蓮真正想要的只是一個需要她的人。與珍不同，伊蓮喜歡陪同霍金出國旅行。她喜歡他會旅行，從事物理工作，寫書或只是聊天，即使在這些過程中需要付出巨大的努力。她愛他的堅強。她可以耐心地跟他講話，也耐心地聽他說話。霍金為了跟她溝通所付出的額外時間與精力，她很感謝，而且，她也開始向他傾訴心事。

與此同時，大約在八年前，他的妻子珍也遇見了一個可以交談、並傾訴心事的人。他的名字叫喬納森（Jonathan Hellyer Jones），他是當地教堂的合唱團長。霍金在生理上仍有性能力，但是從某個時候開始，珍與他之間的性行為就停止了。他的病情意味著，在性行為上，霍金只能是一個完全被動、也是異常脆弱的性伴侶。隨著時間流逝，他的脆弱讓珍擔心，性行為可能會殺死他。於是，跟他做愛變成是一個可怕而空洞的經驗。甚至連想與他發生性關係的念頭，都變得很不自然，所以，對他的渴望也就逐漸消失了。她說，他擁有嬰兒的需求以及「大屠殺受害者的屍體」。原本存在於珍與霍金之間的激情，完全在生活裡被磨掉了，婚姻關係逐漸成了照顧者關係：餵食、洗澡、刷牙、梳頭、打扮。當霍金沉浸在他自己的研究裡時，珍則滿足了他所有實際的生活需求，但感覺自己的這些付出被霍金視為是理所當然的一件事，因此，她和喬納森逐漸走在一起，成為了戀人。

珍把自己的婚外情告訴了霍金，並得到了他的祝福。她的想法是，她和她的愛人會保持私密而謹慎的關係。這是一個「新安排」，變成一個包括所有人的「大家庭」。然而，珍沒想到的是，霍金會再次擴大這個家庭：把伊蓮包括進來。

如果說霍金和珍的關係，是從「男人與愛人」走到了「嬰兒與照顧者」，那麼他和伊蓮的關係，就是一道剛好相反的軌跡。這導致了另一個「新安排」。它像是夜空裡一個複雜的星座，包括霍金、伊蓮、珍和喬納森；還有霍金的三個小孩子，以及其他各種的互連關係。而讓這個複雜的星座關係雪上加霜的是：伊蓮當時還是梅森的妻子。

霍金跟珍一樣，也有了一個情人，這讓她不高興。珍從霍金的研究中了解到「對稱性」，但是她不喜歡這一點。雖然曾有一段時間，他們都努力想過這個「大家庭」的幸福生活。這個「一段時間」，與你所預期的時間一樣久。霍金於一九九〇年搬出去與伊蓮同住，十年後，他和伊蓮新建了一棟房子，那也是霍金餘生所居住的房子。他與伊蓮於一九九五年結婚，就在她與梅森離婚，而他也與珍離婚的不久之後。那時他四十八歲。

結婚之後，伊蓮正式辭去了在霍金生命中的護士角色。她想幫助他，讓他能去做所有他想做的事情，並照顧他，但是要以妻子的身分，而不是照顧者的角色。雖然她確實喜歡為他做飯，但她卻不要當那個幫他把肉切碎、並用湯匙去餵他的人。她會準備咖哩、烤肉、各式水果、香料醋漬鯡魚卷，以及所有他喜歡的食物。偶爾，如果他有特別想在晚餐時吃的東西，而家裡沒有食材，她會立刻跑去商店購買。她也喜歡和他出門。有時候，當他們去某個特別的地方時，她會為此換上新衣服。當他晚上下班回家時，她會跑過來迎接他。她會說：「我得秀給你看，霍金！」然後上樓，換衣服，接著開始表演一場時裝秀。她愛握著他的手，而他也喜愛這份關愛，並以愛回報她。

儘管伊蓮無法在霍金的床上睡覺，但有時她會半夜下來到他的床邊，只是為了看看他，或者坐在他旁邊摸摸他。她覺得霍金是上天給她的禮物。她告訴我：「我雖然幫助了霍金，但他也幫助了我。」「我來自一個功能失調的家庭。我的父母不太照顧我們。」她說，她不愛梅森。「我愛他，但我們之間沒有愛戀的感覺。我嫁給他是因為我那時二十五歲，而他是第一個問我的人，婚就這樣結了。所以被愛的感覺很特別。我愛上了霍金，他也愛上了我。他不僅接受我，而且因為我的內在而愛上我。」

霍金的自我評價

霍金在一九六〇年代時，還只是一個對未來茫然的大學生，但在一九七〇年代時，已經成為量子重力和宇宙學領域裡的主導人物。他從未覺得自己是另一位愛因斯坦，儘管他們在物理學與生活上有一些相似之處。他們都是天才，都是特立獨行的人，都有遠見，也都非常有才華，可以從混亂中看出重要問題。然而他們生活在不同的時代，不同的時代有不同的物理問題，他們也面臨著各自不同的人生挑戰。這使得很難直接去比較他們的才華。不過，很顯然的是，他們對物理學都產生了相當程度的影響。

在幾個物理前端上，愛因斯坦做出了廣泛且革命性的貢獻。除了他的狹義與廣義相對論之外，他也提出了許多人認為是原子存在的第一個證據（譯注：布朗運動），而且，他也是第一位認識到普朗克的量子假設是自然界的普遍真理、並把它運用到更廣泛的領域的人（譯注：光電效應）。他不僅是某個物理領域裡的主導人物，還可說是重塑了整個物理學的基礎。從這個角度來看，霍金並沒有做到這個程度。

霍金在黑洞和宇宙起源的研究成果，在影響上只局限於宇宙學、廣義相對論和量子重力理論的研究上。就人數上來說，充其量，這只有物理學界裡的一小部分。當然，我們不可能去假設，如果霍金是生在另一個時代，或是如果他的身體健康，他可以取得什麼樣的成就。不過，在身體健康的假設上，霍金本人認為他應該只會取得較小的進展，因為他會比較沒那麼專心，也會因為少了迫在眉睫的死亡威脅，而減少了驅力。

雖然大多數物理學家認為霍金在黑洞輻射方面的工作是他最大的發現，但他本人卻不這麼認為。在他看來，他最重要的貢獻是那個遠沒有那麼大影響力的成果，是他在一九八〇年代對宇宙的量子起源的研究——他稱之為「無邊界提案」的理論。由於這個想法太新奇、罕見了，以至於在霍金當著數百名物理學家講演了之後，一位同事評論道：「聽眾中，大概只有二十個人可以理解他的演講。這真的不是容易消化的東西。」

起初，我對霍金的自我評價感到有些意外。但是，當我回想他最初進入物理學的原因之後，他的判斷就變得有道理了。霍金的聖杯是要了解宇宙的開始。他想知道我們所有人從何而來。他認為他找到了答案，就是他所完成的「無邊界提案」。

無邊界提案的誕生

無邊界提案是霍金早期研究的自然產物，是他已經從事二十年研究的最高潮。他最初的兩個研究計畫（關於宇宙的起源和黑洞定律）完全是基於廣義相對論，而沒有考慮量子理論的原理。在霍金研究量子力學之後，他把所學的知識應用於黑洞，修正了先前的想法，並發現了霍金輻射。現在，他將把量子力學融入到下一個重大的研究工作中，重新審視宇宙的起源。最終的結論就是他的無邊界提案。這是他與加州大學聖塔芭芭拉分校的朋友哈妥（Jim Hartle）合作的一項研究；聖塔芭芭拉分校位在加州理工學院北方，距離只有幾個小時的車程。

無邊界提案基於一個看似奇怪的想法。如同我先前所描述的，量子理論通常被認為是屬於微小世界的。它通常用於描繪由原子或分子，次原子粒子或此類對象所組成的系統。因此，如果要把它應用到整個宇宙上，人們會認為它將只適用於最初整個宇宙還是原子大小的時期。但是霍金有更大的野心，他把整個宇宙視為一個孤立、自給自足的量子系統，縱貫整個歷史的過程，從最初的微觀宇宙，到今天的浩瀚宇宙。他在這項研究中的主要工具，是採用一個革命性的量子力學方法，也就是讓費曼於一九六五年獲頒諾貝爾獎的方法。

最初的概念是，量子力學是以某種數學構造（即波函數）來描述系統的狀態。波函數包含與系統有關的所有信息。此信息讓你可以計算各種機率，例如，在測量時，發現粒子在某個特定位置，或是具有某個動量或能量的機率大小。量子理論只能告訴我們，最有可能的結果是什麼，而沒辦法像牛頓力學那樣，可以「保證」測量的結果為何。

如果就是這樣，那麼波函數就像是本參考手冊，可以描述出某個時間點的系統狀態。但是，不只系統會隨著時間而變化，波函數也會，這是因為：若已知某一時刻的波函數，根據量子力學的數學計算，我們可以算出在其他時間點的波函數。這是量子理論最為重要的一個特點，因為物理學中常見的問題是，已知某個系統的「初始狀態」，在經過一段時間後，會出現哪些可能的「最終狀態」，以及相應的機率分別是多少？

我剛剛所描述的波函數方案，應用在解釋原子的性質及其構成的化學元素上，非常成功。另外還有其他類型的量子理論，例如量子場論，則是用來描述基本粒子之間的交互作用。例如，有一個場論稱為「量子電動力學」，就是專門用來描述電子、正電子和光子之間的交互作用。但要進行量子電動力學這一類的理論計算非常困難。突然間，大約在一九四〇年代末期，費曼為量子理論發展出一套新的計算方法。他的這個新方法，看起來與原本波函數的方式完全不同。

在費曼的量子理論方法中，波函數不是最基本的。相反地，要找到系統某個最終狀態的機率，我們得從它的初始狀態開始，考慮過程中所有可能的途徑或歷史。然後，使用費曼發展出來的特定規則，把每個歷史的貢獻加總起來。該方法有時稱為「費曼歷史總和法」。

為了說明這個想法，假設你要計算某個最終狀態的機率：這個量子粒子的初始狀態是在加州理工的實驗室，經過一段時間之後，它的最終狀態是撞擊到在月球實驗室裡的探測器。在費曼的計算方法中，你需要把這兩個實驗室之間，所有可能路徑的貢獻都考慮進來。這些可能的路徑包括：經過木星的路徑，或是繞地球旋轉一百萬次的路徑；它甚至包括違反物理定律的路徑，例如以超過光速的速度在整個宇宙中飛行，或是在時間上回到過去的路徑等等。大多數路徑都具有這類性質。不過，費曼的規則規定，兩點之間的「直線路徑」貢獻最大，而「荒謬的」路徑貢獻則是很小。儘管如此，還是有數不盡的路徑集，每條路徑都會對最終狀態貢獻一些機率，無論多寡。[16]

對於費曼這些優雅的想法，霍金無疑是非常讚揚的，但我認為，同樣作為有能力撼動許多事物的獨行俠，但又必須奮鬥去說服別人接受他們想法的人，霍金對費曼應該有一種特別親切的感覺。例如，費曼在一九四八年的一次會議上，發表自己的新方法時，遇到了和霍金宣布霍金輻射時同樣的阻力。波耳、泰勒（Edward Teller）和狄拉克（Paul Dirac）等著名物理學家都說，費曼的方法是胡說八道。

費曼的理論確實是激進的，乍看之下是離經叛道：在整個宇宙中，它的粒子運動路徑都呈鋸齒形。在推導這個方法時，與霍金一樣，費曼也走了捷徑，偏離了數學上的嚴謹性。

例如，在路徑求和的方法上，似乎違反了特定的基本數學原理，但是費曼完全不去理會這個問題。就像霍金一樣，費曼更喜歡用圖像式的思維，而不是透過方程式來思考，這是一種陌生的方法，容易讓人們持懷疑的態度。物理學家戴森（Freeman Dyson）說：「這就像是魔術一樣。」

然而，戴森等人最終證明，費曼的方法仍是建築在堅實的數學基礎之上，儘管該理論對所發生的事情提供了另一種描述方式，但它對實驗的預測結果，與傳統量子理論的計算結果並無二致。費曼並沒有提出任何新的量子物理學定律。相反地，他所提供的是另一種看待量子物理學的新方法，一種關於量子宇宙的新思維，這帶來了一些驚人的新見解。

在某些領域（例如基本粒子物理學）中，費曼的概念圖和他的理論預測計算方法，已被公認遠遠優於舊的方法。因此，費曼方法在今天，已成為理論物理學的標準工具。霍金

16 日常（鉅觀）的對象是由許多分子所組成。在這樣的物體中，來自大多數路徑的貢獻相互抵消，從而創建出一個由整體來看，會服從牛頓定律的東西。用物理學家的話說，通過與內部自由度耦合，存在不一致性。參見Todd A.Brun and Leonard Mlodinow, Decoherence by coupling to internal vibrational modes, *Physical Review A* 94（2016）。

以費爾柴爾德傑出學者來加州理工訪問研究的那一年，開始研究這個方法，而在那裡也給了他機會，能直接師從這個方法的「開山祖師」。十年之後，霍金把費曼方法應用在他的無邊界提案中。唯一的差別（而且是巨大的差別）在於：霍金試圖追蹤的不是電子或光子的量子歷史，而是整個宇宙的量子歷史。在他的研究裡，整個宇宙將扮演著一個粒子的角色。

宇宙沒有開始也沒有結束

把量子理論應用在整個宇宙上，引發了許多問題。例如，當理論學家在使用費曼的歷史總和法來分析基本粒子的運動狀態時，他們所需要的信息，以及他們所希望得知的信息（粒子稍後的運動狀態），都與可觀測的屬性有關，例如位置。然而，這個宇宙沒有所謂的「位置」——整個宇宙就是在那裡。

與理論粒子物理學家所關注的位置或其他變量不同，霍金的理論並不考慮這些變量，而是把焦點轉向與時空幾何相關的變量上：在時空曲面上，每個點的曲率。這是什麼意思？考慮一下我們所居住的「三維」空間：在地球上的任何一點上，例如，您可以向北／

向南，向東／向西，向上／向下或任意組合移動。數學提供了一種描述三維空間的方法，事實上，這個方法可以描述任意數量的維度空間。在不是平坦空間的情況下，這個方式也為物理學家提供了彎曲空間的定義。

由於很難想像三維空間裡的曲率，因此讓我們暫時不考慮上／下的維度，只專注在一個僅具有南／北與東／西方向的世界。這是一個二維空間。想像我們在某個「平面」上定義出這兩個方向，那麼這就是一個平坦的二維空間。這一類的空間，是我們在中學幾何學到最為熟悉的空間類型。它的特色就是我們所熟悉的，三角形的三個內角和為一百八十度。

現在，換一個想法，如果南／北與東／西的方向是指「球面」（例如地球的表面），那麼這就是一個彎曲的二維空間；數學家會說它的曲率為正值。相較之下，「馬鞍的表面」則代表另一種彎曲方式完全不同的空間，也就是曲率為負值的空間。

曲率為正或負的空間，具有不同的幾何規律，這不同於我們在高中時所學的幾何學定律。例如，在曲率為正的空間裡，三角形的內角和始終大於一百八十度，而在曲率為負的空間中，其內角和總小於一百八十度。這樣的差異，讓物理學家可以明確地決定出，我們實際生活所在的這個三維空間的曲率大小。

一般來說，空間可以在某些點處呈正向彎曲，而在其他點處呈負向彎曲，就像是從球面和馬鞍面各剪下一小部分，然後把它們平滑地黏在一起那樣。而曲率的大小，無論是正值還是負值，都可以任意變化。在空間中的某些點，可能只是稍微彎曲，而在其他地方則可能是有嚴重扭曲，就像地球表面上，高峰和低谷的景觀一樣。這就是「在每個點上定義的空間曲率」的含義。霍金在他的無邊界提案裡，就是把重心放在「風景」及其隨時間演變的情形。他的理論並不是一個詳盡的理論，可以去討論宇宙中所有能量和物質（包括恆星、粒子、行星與人）之間種種錯綜複雜的行為與互動，而是專注於物理空間本身的形狀。

在計算宇宙的形狀如何隨時間而演變時，就像在計算粒子的演化過程一樣，通常都是從初始狀態開始計算。然而，沒有人知道宇宙的初始狀態，因此霍金和哈妥不得不做出一個推測。他們的猜測是，當我們在時間上可以回溯到足夠久遠的時候，物質和能量被壓所在一個極小的空間裡，這個巨大壓縮會從根本上改變時間，使其因巨大扭曲而無法識別，亦即，在本質上，它會變成是空間的另一個維度。

霍金在他的博士論文中寫道，基於廣義相對論，「古典」大霹靂理論必須具有奇異點，在這個時間點上，各個物理量（例如曲率）會變為無限大。現在，當他和哈妥以上述的量子理論重新建構宇宙的量子歷史時，他們發現霍金曾預言奇異點將不再存在。量子力學的定律啟發了霍金，讓他去修改他原先的黑洞理論，並使他發現了霍金輻射。現在，那些定律要求他去改變他原先為宇宙起源所提出的理論。

霍金喜歡透過「隱喻」的方式來解釋新理論。假設您站在一條直線火車軌道上的某處，介於軌道的起點與終點之間。再假設，當你朝起點方向移動，是表示你正在時間上回到過去。在這樣的圖像中，無論你身在何處，如果時光開始倒流，你最終都會回到時間最初開始的地方，而離開這條軌道。這就是霍金在其博士論文中所描述的奇異點位置。霍金說，但是當我們把量子力學考慮進來之後，這條平坦的軌道，看起來更像是一條在地球表面上的軌道，如果朝向南方表示時間倒流，北方表示時間向前推進。那麼，假設時光開始倒流，你正在回到過去，也就是朝著南方直線移動。在這種情況下，你將永遠不會經過一個時間的「起點」。在時間上，沒有「邊界」，沒有開始，因此也就沒有奇異點。

這就是霍金從他的觀念所得出來的畫面。這回答了他剛進入物理學時所提出來的問題：宇宙是如何開始的？他的回答是一個令人驚訝的答案！就如同我剛剛所解釋的，宇宙沒有起點，因為那時的時間會變成是一種空間。

對於霍金而言，這個無邊界理論具有重大意義：不僅是由於它所給出的答案，更在於它提出了一個新的問題。正如他在《時間簡史》裡所寫的：「如果宇宙有一個起點，我們就可以假設它有一個創造者。但是，如果宇宙真的是自足的，沒有邊界或邊緣，那麼它就沒有開始也沒有結束：它只是一個『存在』。那麼，對於造物者而言，何處才是祂的容身之地？」這是我們在《大設計》中希望回過來討論的一個問題。

如果你覺得無聊，我們就不要寫了

霍金在加州理工的辦公室相當簡陋。灰白色的牆壁，金屬書桌，小窗戶，是專門提供給短期訪問學者的一個簡單的工作空間。我的辦公室在另一棟大樓裡，相較之下，更為舒適宜人，但是當霍金來訪時，我在他那裡的時間比在我自己研究室的時間還多。當我們在一起工作時，我會和他坐在一起，而且通常我會比他更早抵達他的研究室，也會更晚離開。

自從我上一次見到霍金之後，我們之間的溝通很少。讓我感到困擾的是，他並沒有變得較有反應，雖然我也知道，對他來說，寫電子郵件是一個緩慢的過程，所以除非絕對必要，否則他會避免這個差事。我以為他是在寫我們同意的章節部分，也在閱讀我發送給他的部分。我們計畫將在他這次訪問期間，仔細研究已寫好的所有內容，然後再繼續往下寫。

這就是為什麼在前一天，當他開始跟我討論「基本思路」的議題，也就是再次討論我們希望在書裡所寫的東西（我認為我們早已決定好了的話題）時，我會感到如此驚訝的原因。隨著日子一天天的過去，我變得愈來愈不舒服，並且逐漸意識到，自從我上次訪問劍橋以來，他幾乎沒把心思放在這本書上過。我們有一個截止日期，雖然這個日期有點彈性——但是，我們已經遠遠落後了。如果以目前這個模式，只有當我站在他身旁時，霍金才會有進度，那麼我想，在寫完這本書之前，我們之中會有一個人先死掉。

在我們到達霍金的研究室，僅幾分鐘之後，瑪麗便離開了房間。一等到她聽不見我們說話的時候，我就開始了心中那段可怕的談話。我試著讓它聽起來不是那麼正式隨意。「午餐還不錯，是吧？雅典娜的菜不錯。順便說一句，我想你已經讀過我上一次在劍橋時寫好的草稿了。」

霍金揚起眉頭，意思是「是的」，而且他還微笑了。所以他讀了稿件。這讓我鬆了一口氣。我很高興自己沒有因此事而口出惡言。我真是愚蠢，竟以為他會無視自己的承諾。他開始打字。大約一分鐘後，他的聲音說：「是的，這頓午餐很不錯。」

我試著去忽略我的感覺。「那我們的書呢？」我問道。

他再次開始打字。「我一直很忙，」他說。

「你讀過我發給你的任何文稿嗎？」

他做了個鬼臉表示：沒有。

「你自己有寫了什麼嗎？」

又是一個鬼臉：沒有。

我不知道該說些什麼。儘管我有一堂課要教，有進行中的物理研究計畫，心裡還有另一本想寫的書：《潛意識》（*Subliminal*），我還是很努力地為我們合作的書寫了很多東西。我知道他也有很多事要忙，還有很多對他來說，都是困難重重的事。我想我應該多一點同情心，但我卻忍不住覺得很生氣。幸運的是，我未加思索脫口而出的話，是介於生氣與同情之間。

「你這樣沒有進度，讓我很失望，」我說。話雖如此，但我卻對自己更感到失望。我是誰，我怎麼能跟史蒂芬·霍金這樣說話？

他做了一個鬼臉。我試圖去理解這個表情的意思。他在想什麼？那不像是張生氣的臉。倒像是狗被踢了一腳之後所露出來的表情。我的話，讓他受傷了嗎？他覺得抱歉嗎？

「如果你不想繼續的話，我也不想寫這本書了。」我說：「我們必須一起努力。」他揚起眉毛表示肯定。似乎是友善的。感覺很好。

我把椅子向他靠近一點，握起了他的手。他的手溫暖而柔軟。我真是一時衝動就這麼做了。他似乎並不介意。我覺得，他也喜歡我這個動作。也許他笑了一下，或者也許那只是我一廂情願的感覺。我們互相凝視了片刻。

「在我們回到正軌之前，我需要去住在劍橋嗎？」我用柔和的語調說著。

他立刻做了個鬼臉：不！他絕對不喜歡這個主意。我不知道這是否意味著他不能負擔那麼多時間，還是因為拒絕讓我在他身邊待那麼久的時間。無論是哪一個，感覺都像是拒絕。

我把他的手還給了他。他開始抽動臉頰。他在打字。

「我承認我一直都沒有進度。」他說：「對這本書，我提不起勁。」

聽到他這麼說，感覺真讓人難過。

我說：「如果它讓你覺得無聊，也許我們就不要寫了。」

他表示沒有。

他說：「在我們昨天的工作結束後，我很興奮。我覺得，我現在知道這本書該往什麼方向發展。以後我會更積極一些。」

瑪麗在我們談到一半時就回來了，但是自己坐到旁邊的椅子上，完全不管我們在說些什麼。

接下來，霍金花了一個小時來解釋，他對之前我們擬定的章節大綱的重新思考。儘管在這個新的版本裡，對前五章並沒有太大改動，但他還是詳細地描述了內容。然後，他描述了他在第六章與第七章中想做的重大更改，而這正是我們目前在討論的內容。解釋之後，他說：「這是前七章。現在讓我們專心在它們身上。」我們最初的計畫裡有八章，由於我們現在要對第六章和第七章大幅更改，所以我預期最後一章也必須大改。根據他剛剛說的話，我想，等我們寫到那裡時，就會自然而然知道該寫些什麼了。

在接下來的幾年，霍金有很多次讓我覺得沮喪。進度不停地被打斷；開始工作的時間，往往比他所說的要晚一或兩個小時；他堅持要仔細檢查我們寫過的每一句話，幾近吹毛求疵的程度；一再地重寫我們已經寫好的章節；他的疾病也會妨礙到我們的進度。當我在劍橋的時候，我開始和他的看護一起在休息時間裡抽菸，在那之前或從那以後，我從未有過這種需求：抽幾口沒有濾嘴的駱駝牌香菸，從而得到一些心理上的支持，以及幫自己注入一些能量。我們的截稿日期延後兩三次。所幸我們的進度雖然緩慢，但卻是穩定的。而且，隨著時間流逝，我們所累積的完稿頁數，與我們之間的關係都不斷在增長，而且我再也不需要與他進行這種交談了。

第九章

催生大暢銷書《時間簡史》的歷程及其他

一九八五年。古札爾迪（Peter Guzzardi）坐在便宜的租車裡，停在一家廉價旅館的停車場裡，等著住在那裡的一位作者。他很習慣這種廉價旅館。就像大多數的紐約編輯一樣，他只能負擔得起打折與特價的差旅。出版不是個高利潤的業務。這次的出差，把古札爾迪帶到了芝加哥，那裡又熱又悶。春天是旅遊芝加哥的最好時光，但這並不重要。現在是五月，這個城市已經像是在做蒸汽浴的浴室了。

古札爾迪對這些都不以為意。他四十歲，很高興能從事出版業。他曾擔任過資深編輯，但還沒有達到最高職位。這幾年，他的公司班坦（Bantam），從廉價的平裝小說發行商，正要躋身蛻變成受人尊敬的出版巨頭。

古札爾迪正在等待的這位作家，將對他們公司的轉型有著主要貢獻。不過，當時的古札爾迪還不知道這一點：他沒見過這個傢伙，也還沒看到他已經著手寫作的書。當古札爾迪聽說他要從劍橋來到芝加哥，在附近的費米實驗室（Fermilab，粒子加速器）進行演講時，他決定搭乘飛機前來介紹自己，並跟他談談出版合同的最新草案。他們在原則上已達成協議，但當時尚未簽署合約。

古札爾迪對這位作者的全部了解，就只有從《紐約時報》上對這個人的個人報導而已。文章描述了他對物理學的熱情，以及希望將其與大眾分享的興趣——還有他是個愛出鋒頭、喜愛引人注目的人。這些特點，讓古札爾迪認為這傢伙應該幫我們寫本書。現在這件事已經定了。這完全符合班坦想把自己變成受人尊敬的出版商的雄心壯志。

這本書就是《時間簡史》，然而，它的內容比較多的是宇宙的歷史，對於時間的歷史則著墨較少，而且它是希望創造出量子重力理論的一個嘗試，一個很有希望統一所有基本原理的理論。這不僅是一個艱深的題材，而且，在一九八五年時，根本不清楚是否會有人對這個題材感興趣。而當時的這個作者，更是名不見經傳。雖然《紐約時報》有報導過他的個人故事，但在物理學界之外，幾乎沒人聽過「史蒂芬·霍金」這個名字。

當時，科普書籍的市場尚未起飛。雖然，每隔幾年還是有幾本暢銷作品。例如一九七七年的暢銷書《最初三分鐘》（*The First Three Minutes*），內容以大霹靂及其後續的發展為主。沙根（Carl Sagan）的《宇宙》（*Cosmos*）是一九八〇年問世的另一本暢銷書，但那時的他已經是電視界的名人。一九八五年初，費曼出版了他的第一本軼事自傳，《別鬧了，費曼先生》（*Surely You're Joking, Mr. Feynman*）也很意外地風靡於世。因此，也許古札爾迪心裡有些想法。但是這些書籍都是易於閱讀，並且文筆優美。沒有人知道這本書的結局會如何，而且寫作提案的內容也不是很均衡。有些章節過於技術化，而另一些章節則又顯得過於簡略。

回到班坦，對於這個出版計畫的意見分歧。幾乎所有的人都認為，他們支付了太多的錢。在競標中，他們最終以二十五萬美元的價格贏得了這本書的版權。霍金心中的首選，劍橋大學出版社只提供了該價格的十分之一。班坦的一些人在《時間簡史》中看到了巨大的潛力，但有些則不這麼認為。但是，即使因出版這本書而損失金錢，它也會為班坦帶來一些聲譽，因此他們還是決定簽約。

當古札爾迪在停車場時，霍金正結束費米實驗室的演講回到旅館。演講的主題是無邊界提案，該提議迅速成為他最為偏愛的理論。演講的講台顯然無法讓輪椅通行，因為《芝加哥論壇報》(*Chicago Tribune*）報導說，當霍金進場時，台下的數百名物理學家「突然意識到，這個被兩個人抬進演講廳，跛腳、像洋娃娃般的東西就是霍金時，全場立即鴉雀無聲」。它創造了很好的戲劇效果，但是對於其中很多的聽眾而言，霍金所要談論的話題就像他的外表一樣令人震驚：這個曾以他的名字為「宇宙始於一個奇異點」背書的人，現在改口宣稱，由於量子效應，這個奇異點並不真的存在。

這顯示，霍金就是霍金：畢竟，他曾經力主黑洞無法散發輻射出來，然後又證明黑洞確實可以散發輻射。費米實驗室和芝加哥大學的著名天體物理學家特納（Michael Turner）說：「大多數科學家對於自己主要的研究成果，例如奇異點之類的理論，都會堅持捍衛下去，而不願意改變。而霍金更願意去證明自己的想法是錯誤的。他是獨一無二的。」

這是霍金在智性上的探索，去了解我們所有人的開始的一個故事——包括所有的起起伏伏和反反覆覆——古札爾迪希望讓這些成為《時間簡史》的核心。他從一開始就相信，這本書吸引人的地方，不在於宇宙史或相關的科技，而在於這是一個個人的故事。當然，只有在他能讓霍金提高文字的可閱讀性之下，才能讓這本書取得商業上的成功，成為暢銷書。

得知霍金即將到來，古札爾迪在車上等著。不久後，另一輛廉價的出租汽車在附近停了下來。古札爾迪看著年輕的司機下車，拿起輪椅，然後走到副駕那側，打開前門，俯身。當他站直之後，他的胳膊下方有著一個人，古札爾迪後來說道，那「看起來像個稻草人」。他一直看著那位年輕司機把稻草人搬到輪椅上，放下它，把它豎起來。他舉起這個稻草人的右手，緩慢而精準地把它放到控制椅子的旋鈕上。這位司機是個二十多歲的研究生，他與霍金同行，除了幫助照顧霍金之外，也幫他翻譯他那口齒不清的演講。霍金現在已經就座，準備出發。

輪椅馬上做了兩個三百六十度的大轉彎，然後朝著旅館的入口駛去。那個研究生看到古札爾迪一直看著他們這邊。「彼得．古札爾迪？」他問。古札爾迪點了點頭。「那是史蒂芬・霍金。」他說。古札爾迪與這位研究生跟隨霍金跑了起來。他們不得不努力跟上，儘管那不是個你認為會有人急於奔去的地方。

古札爾迪跟著他們來到霍金的小房間。雖然霍金在物理學界小有名氣，媒體上也出現過幾篇關於他的報導，但此時他還不是名人或富裕的人，因此他只能住在這種掛有「冷氣開放」牌子的旅館，因為從外表看來，這類旅館不像裝有空調系統。儘管周圍環境簡陋，但古札爾迪還是覺得相當膽怯。他預期霍金可能會是他所見過的人之中，不僅是最聰明、而且是強大而勇敢的人。

在他們進入酒店房間之時，霍金對研究生喃喃說了幾句話。對於古札爾迪來說，霍金聽起來像「達斯・維達覺得頭痛」。他聽不懂霍金的話，學生也沒有翻譯。在緊張與焦慮的情緒下，古札爾迪急忙打破僵局，開始自言自語。

「嗨！很高興您來到這裡！」他開始說著：「很高興見到您！希望您在這裡的演講，圓滿成功！而且，我祝福您旅行愉快！」

這雖然只是個簡短的談話，但古札爾迪帶著微笑和熱情做到了。霍金再次用讓人難以聽懂的話語做了回覆。不過，這次學生重複了霍金口齒不清的單詞，讓古札爾迪得以理解。

「合約帶來了嗎？」就是霍金的回覆。

宇宙是否需要一位造物主？

在霍金和我進行了那次交談之後，他在加州理工的訪問研究進展順利。接下來的幾個月裡，我們寫作的速度相當可觀。現在，回到劍橋之後，我們每日都並肩而坐，重新再看一次，我們在加州理工時各自寫的東西。

其中有一次，我問了他一個關於物理的問題，霍金沒有像往常一樣立即回答我。我一時以為我把他難倒了，那個感覺還真不錯。但是我稍後意識到，結果是他睡著了。後來我發現，其他人也有過類似的經驗。實際上，那一天的情況是，霍金前一晚外出，在倫敦待得太晚。通常，在這種出遊或夜歸之後的隔一天，工作進度都會慢下來。幾分鐘後，當他再次睜開眼睛時，我問他是否要喝點咖啡。他表示：要。

那時，負責照顧他的看護是多恩（Dawn），正坐在橙色的沙發上，整個臉都埋在雜誌裡。她顯然有聽到我們的談話，但並沒有起身幫忙，所以是我走到櫃檯去煮咖啡。她此時心情不好，因為當時正在計畫即將成行的國外旅行，而她並沒有在同行的名單上。至少是「還沒有」。不過，整個團隊的名單尚未最終敲定。然而無論霍金的決定為何，似乎永遠都會有變卦的可能。

大多數看護都喜歡出國的旅行。他們會運用各種手段以求選上。目的地通常是有趣的或具有異國風情的，而且，他們的費用會由主辦機構承擔。因此，住宿條件很好，他們也會因同意離家生活而獲得「戰鬥加給」。儘管在劍橋和在旅程中都會有一位總負責人，專責安排其他看護的工作行程，但霍金經常會干預，而且每個人都知道這件事。因此，他們常直接向霍金提出要求，而略過那位總負責人。她的工作就像在免費餐館裡的收銀員一樣，沒有多大意義，所以她討厭它。儘管山姆（Sam）的正式職務是電腦科技助理，但他也參與旅行的協調計畫，不過，他比較中立。他會看著事情一件一件發生，然後翻白眼。

對於看護來說，跟霍金打交道並不難。他們有足夠的時間來為自己申辯。他無法走開，甚至沒有能力走開。他唯一能做的就是扮鬼臉。霍金做鬼臉的威力，可以讓別人覺得就像是獅子在怒吼一樣，但他不是個喜歡裝腔作勢的人。因此，所有照顧他的人只需稍稍賣弄一下風情，大都能得到他們想要的東西。表面上看起來，他很容易被操縱，但其實他知道分寸。因此，如果說他給了他們他們想要的東西，那是因為霍金會照顧照顧他的人。

咖啡煮好了。就在我要開始倒咖啡的時候，多恩突然從沙發上跳了起來。「雷納！您不需要這樣做！請讓我來吧。」她說得好像剛剛沒有聽到他的要求似的。就這樣，她接手了，戴上了最好的笑容，然後把咖啡端給了霍金。

「昨天玩得太晚，現在得付出代價了，對吧，霍金？」她說著，同時把一些熱咖啡倒入他的嘴裡。她搬出最友善的聲音，搭配著甜美的笑容。但這騙不倒我。這就像我的小孩跟我要冰淇淋時，我所會得到的待遇。霍金當然也明白，但他仍然沉浸在這份殷勤中。他臉上回答著：是，意思是，他正為昨天的晚歸付出代價。但他揚起眉毛，笑容燦爛──他顯然認為昨天的晚歸是值得的。

多恩說：「您的問題就是每個人都希望與您在一起，而您不能拒絕聚會。」我不知道多恩是否有大學學位，但如果有的話，她一定是「奉承系」畢業的。

在她餵了幾匙之後，茱迪絲走了進來。她應該是注意到我們正在喝咖啡休息，因此決定好好利用一下這個機會。與許多看護不同，她從來不會逢迎諂媚。「對不起，雷納，」她說。「有幾件事，我必須擠進來一下。」於是，我和霍金的工作次序又被降了一個等級。她知道我不喜歡那樣。當別人來打擾我們工作的時候，我常常就是去她的辦公室聊天，而且抱怨。但是與其他許多人不同的是，茱迪絲會先做好功課才來打擾，所以她可以非常有效率地利用這種時間。無論如何，我在劍橋時，對於清理霍金時間表的速度印象深刻，而且我知道我沒有什麼可抱怨的。

這一趟，茱迪絲有很多事情要解決。由於霍金可以快速地以表情回答是或否，因此她把所有問題都改成是非題的方式，就像「二十道是非題」（譯注：從一九四〇年代開始在美國風行的一種快速問答遊戲，限答是與否）的一部分：你想與募捐人見面嗎？星期一？星期二？星期三？是的，星期三，下午三點可以嗎？她提出的問題，涉及很多領域，例如媒體、研究補助金、研討會、旅行和理財會議等等。某個問題可能是，他是否想公開回應某國會議員的挑釁言論，而下一個問題換成是，要確認女兒露西星期天回家來看他的時間。

茱迪絲的最後一個問題是，霍金是否準備好簽署一些法律文件。她帶來了印泥，當他回答「是」時，她就幫他把拇指在合約上滾動一下。在指紋下，她寫了「見證人：茱迪絲·克羅斯德爾」和日期。就這樣，她回到了她的辦公室。那時，對於霍金在生活中毫無隱私可言的狀態，我已經習慣了。但是現在，我更是見識了他是如何地任由周圍的人所擺布。看到霍金是如何「簽署」文件之後，我意識到要盜用那個指紋是件多麼容易的事。所幸，他擁有像茱迪絲這樣值得信賴的人在身旁。

終於說完全部的事，這一個打斷總共花了二十分鐘。所幸，咖啡讓霍金清醒了過來，我們又回到工作上。之前，我們一直在討論《時間簡史》，內容涉及宇宙的起源，以及宇宙自那時以來的演變。該書的某些章節，專門闡述了科學家是如何發現我們當時所知道的事情，尤其是霍金所做出的那些貢獻，然而，《簡史》中的科學是一九八〇年代的科學。《大設計》的初衷，是希望做進一步的介紹。它是有較新的科學基礎，從那時算起，已經有十歲的理論（稱為M理論）和霍金在二〇〇〇年代初期所做的工作。此外，在《大設計》中，我們希望討論自然法則為何會是目前已知的這個面貌，以及為什麼宇宙會存在。這些問題會引導我們去思考霍金在《簡史》一書中的結論所提出來的問題：宇宙是否需要一位造物主？

當霍金終於可以再次溝通時，他鍵入：「我們必須牢記，我們的書所討論的是，是否存在一個宏偉的設計：一套控制整個宇宙的律法。而這涉及上帝的問題。」

我說：「在《簡史》中，你最後說，如果我們的物理學家能夠得出統一的理論，那麼我們就會『了解上帝的思想』。這給人的印象是，你相信的是某一種上帝。」

他做出鬼臉。意思是「不」。他要麼不認為自己會給人這樣的印象，要麼他不打算給人這樣的印象。

我說：「不是聖經中的上帝，而是化身於自然法則之中的上帝。」

他開始打字。「你可以這樣定義上帝，但這會讓人誤解。這不是人們通常所說的上帝，」他說：「這是多餘的，因為稱它為上帝，並不會添加任何東西。」

「我們不需要直接回答這個問題。」我說：「但是藉由說物理定律沒有例外，就等於是在說，我們不接受一般對於上帝的定義方式，因為那樣的上帝會干預人們的生活。」

他回答說：「我不想被貼上無神論者或自然神論者的標籤。」

「但是你會的，」我說。

此時，帕特里克（Patrick）剛好進來。他是下一個班次的看護。

「你好，史蒂芬，」他說：「你今天好嗎？」

所有在霍金周圍的人都習慣這種隨意的打擾，我很好奇，他是如何能有任何的工作進度。但另一方面，霍金不覺得有義務每次都需要回應這些問題。他持續著原本的工作，完全忽略帕特里克的寒暄。

霍金接著說：「我們的觀點是，科學家必須相信自然法則始終存在。但那不是信仰，而是基於經驗。」

帕特里克說：「我只是想感謝您把我列入這次旅行人員名單。」對於剛剛自己被忽略的事實，完全不以為意。

現在換多恩跳了起來。「你是怎麼進入名單的？」她問。她看著霍金。「你說你還沒決定！」

當帕特里克試圖解釋，為什麼名單裡面有他是一件至關重要的事時，他和多恩終於引起了霍金的注意。霍金看著他們一來一往的口水戰，爭論著應該帶上誰才是最合適的，以及曾經有過什麼承諾等等。霍金本可以用一兩個簡單的字來終結這場爭辯，但他卻只是冷眼旁觀。霍金的看護團隊常常就像是間劇院。他僱用了許多不同戲劇類型的人員。對他來說，看護扮演了許多角色，其中之一就是為他上演他私人專屬的肥皂劇。另一方面，我覺得很沮喪。首先是咖啡，然後是茱迪絲，現在則是這齣戲。我向多恩和帕特里克揮了揮手。他們收到了我的意思，並安靜下來。

霍金又開始打字。對他來說，他還有很多話要說，又花了二十分鐘他才把字打完。我看著他打字。儘管我覺得不耐煩，但我並沒有試著去接他未完成的句子。他正在處理一個重要主題，我希望他能用自己的話把它說出來。最終，我把視線從他的螢幕上移開，試圖清空我的思緒，並放鬆自己。最後，他選擇了語音選項，接著電腦語音讀出了他剛剛鍵入的內容。

「如果允許上帝干預，法律就稱不上是法律。」他說：「這給上帝留下了兩個可能的角色。一是祂選擇宇宙的初始條件。我們通過無邊界提案移除這個可能。我在《時間簡史》中寫下了這一點。另一個可能的角色是，讓上帝負責選取定律，並根據這些定律來創造一個宇宙。這將在我們書的最後一章中提到，我們也沒有需要去祈求上帝來做這件事。」這個立場的論據是基於霍金最新的研究工作。

他接著說：「我想闡明自己的立場，但不想像道金斯（Richard Dawkins）那樣激烈地反宗教。我剛收到他的書《上帝的妄想》（*The God Delusion*）。如果你想看看的話，請跟茱迪絲拿。書裡的意見，我大部分都同意，但我覺得沒有必要這麼偏激。」

對於信仰上帝的讀者，霍金很小心地不想侮辱或激怒他們。儘管他沒有提到這件事，但我認為，對於自己的家人，他也有同樣的擔憂。即使如此，珍在離婚之後仍然寫道：「堅信有一個更高級的存在（higher influence），是我不斷地獲得幫助和力量的源泉……我是否要繼續讓物理學，這個理性思維的縮影，以它蔑視和鄙視的眼光，來摧毀我生命中最基本的動力？」我可以肯定地說，霍金對那些相信「更高級的存在」的人，完全沒有任何輕視或輕蔑，然而，令人遺憾的是，珍認為這種態度在物理學裡是根深柢固的。當然，對婚姻來說，破壞了妻子生命中的「基本動力」，絕對不是一個好兆頭。

我覺得，珍對霍金在宗教態度上的理解，讓我有些困惑。據我所知，伊蓮在這方面的感覺與珍不同。伊蓮同樣也是虔誠的教友，甚至更為虔誠。作為一名新教徒，當她被要求陪著霍金去見教宗時，她非常勉強地答應了，並說拒絕與教宗握手。當她和霍金訂婚時，她告訴霍金：「你永遠不會成為我的第一，因為上帝才是我永遠的第一。」為此，霍金回答：「我不介意僅次於上帝。」

與伊蓮的婚姻觸礁了

如果廣義相對論和量子理論可以和睦相處，霍金和神也可以。他和伊蓮結婚後，霍金經常陪著她上教堂。他不止一次地在禮拜儀式中被感動得哭了。在家裡，伊蓮會彎腰，把額頭靠在他的額頭上，或者握著他的手，在他身邊祈禱。他有時也會請她為露西或他的孫子祈禱。其他時候，她則是為他的健康祈禱。

但是，我最近聽說，在十多年的婚姻生活，以及在婚前十年的愛情長跑之後，伊蓮與霍金的婚姻如今開始觸礁了。我不得不聽到這件事，是因為看護們喜歡說閒話。如果他們是他的肥皂劇，那麼他也是他們的肥皂劇。但是我知道的一件事是，宗教不是他們之間產生嫌隙的理由。

某些看護所說的內容令人震驚，但其中顯然有些部分幾乎可以確定不是真的。幾年前甚至出現霍金遭伊蓮虐待的傳聞。只要他身上出現各種輕傷，例如嘴唇割傷、眼眶烏青等，就都是她幹的。也有傳聞說，她讓霍金在浴缸中坐得太低，使得水灌進了他喉嚨上的氣孔。霍金的世界就此分裂成兩個陣營。他的兒子提姆和露西傾向於相信這些故事。霍金的許多看護也是這個看法。但是，霍金的妹妹瑪麗，和他的朋友索恩和羅伯特則不相信這些傳聞。更重要的是，霍金本人堅決否認自己遭到了虐待，而警方的調查結果也發現，「沒有證據顯示有人對霍金教授施虐的犯罪行為。」

無論這些事情有沒有發生，大家都同意的一件事是，伊蓮和霍金之間是那種狂風暴雨式的關係：可能有某一瞬間是，你瘋了，我恨你，我再也不想見你了；然後下一瞬間馬上就變成，我愛你勝過一切，沒有你我就活不下去。

幾年前，我曾在法蘭克福的書展上遇過伊蓮一次，那時我與霍金在那兒一起支持《新時間簡史》的參展活動。然而，到目前為止，我在霍金家吃晚餐時，都還沒有遇見過她。我在他們家時，她要麼不在家，要麼就是留在樓上。但這情況將會改變。當我們這一天結束工作時，霍金像往常一樣邀請我一起回家，他說：這次伊蓮會準備晚餐。

用《時間簡史》蓋出一棟房子

霍金曾把他現在和伊蓮一起住的這棟房子稱為「用時間簡史所蓋的房子」。據報導，這棟房子的造價為三百六十萬美元。這個造價的確高昂，但是如果用《簡史》的錢來蓋的話，那還會剩下很多錢。不過，其實也不是太多，它還沒辦法完全支付霍金所需要的護理費。他雖然有數百萬美元的身價，但在一般的情況下，他就需要有九名護理人員，每年就要花費數十萬美元。麥克阿瑟基金會所贊助他的金額早晚會終止，而書籍的版權費更是會逐年遞減，因此，為了養活這隻醫療看護的巨獸，霍金一直在尋求可以增加收入的來源。

霍金知道，只要他活著，他的看護費用只會隨著年齡增長而增加，而他賺錢的能力卻會逐年下降。就是這個對於未來需求的眼光，激發了他的靈感。他在一九八〇年代初期，就開始構思《時間簡史》的書寫計畫，幾年之後，班坦出版社與古札爾迪才出現在這本書的故事裡。

此前，霍金曾為劍橋大學出版社寫過《時空的大尺度結構》。出版社的科學總監、天文學家米頓（Simon Mitton）從一九七〇年代後期，就一直在鼓勵霍金，針對一般非物理專業的讀者，撰寫宇宙學的科普書籍。一九八二年，面對日益增長的醫療費用，霍金終於決定同意「這是一個好想法」。他為這本企畫中的書的其中一小節，寫了草稿，並拿給米頓看。儘管作為一家學術出版社，劍橋大學出版社專門出版技術性的書籍，但米頓還是希望這本書能夠通俗一些。霍金的這份草稿，讀起來就像是教科書一樣，而改寫之後的文章，也沒有太大改善。先後這兩個版本都裝滿了方程式。這就是米頓喃喃自語地說出那句著名的警句：在書中每出現一條方程式，就會使銷量減半。霍金難道不了解「普羅大眾」都是沒有讀過數學系的嗎？

儘管他對霍金草稿不滿意，但米頓對於宇宙學的科普書籍市場接受度，還是充滿信心。他和出版社的人討論過，他們決定提供霍金一個寫作契約。霍金明確表示，他不會接受通常的小額預付版稅。如果「資金不足」在所謂的商業出版（為一般社會大眾出版書籍）是個問題的話，那麼在學術出版這裡，則幾乎不會有這種問題存在。話雖如此，經過一番討價還價之後，米頓和霍金雙方同意的金額是美金二萬五千元。這已經是有史以來，劍橋大學出版社開價最高的預付版稅金額。

米頓起草了這份合約，但他沒有像古札爾迪那樣，在霍金變卦之前，親自把合約送到他手上，請他簽字。相反地，米頓把這份合約寄到了霍金的辦公室。事實證明，這是一個致命的錯誤。霍金從未簽署過那份合約，也從未與米頓再討論過這本書。

就像量子物理一樣，生命也充滿了不確定性。有時，我們精確地瞄準了某個位置，但最終的落點卻是在別的地方。霍金本來決定要授權給學術出版社出版《時間簡史》，事情也沿著這個方向在進行：這本書會有高定價，完全沒有行銷活動，將來如果能售出一萬冊，就算得上是個巨大的成功。他同意這份合約，也收到合約，但如果不是古札爾迪讀了《紐約時報》上關於他的故事，以及隨後發生的一系列事件，他其實是會在這份合約上簽名的。

除了古札爾迪之外，至少還有另一位紐約的出版界人士也讀了該篇報導，他是作家之家（Writers House）的總裁札克曼（Al Zuckerman），而且他也得出一個結論：這傢伙應該寫一本書。作家之家在當時是一家只成立了十年的作家經紀公司。在這個想法的刺激下，札克曼開始聯絡霍金，並偶然地在他與劍橋大學簽約之前取得了聯繫。札克曼讓霍金推遲與劍橋的簽約事宜。他認為自己可以幫他籌到更多的錢。他建議霍金把先前寫的初稿改寫成出版提案，然後把它發送給班坦和其他在紐約的出版商，以競價的方式出售，最終由古札爾迪贏得這場競標戰。

札克曼為霍金爭取到的，不僅僅是商業出版商的銷售能力，以及十倍的預付金額。他也幫霍金贏得了古札爾迪，他不僅是位優秀的編輯，而且與學術出版社的編輯相比，他願意花更多時間在這本書上，並且知道如何讓它擁有更多更廣的讀者群。

在他們為這本書共同努力的四年多裡，古札爾迪可說是一位無情的編輯，他把霍金寫來的初稿，附上一頁又一頁的編輯筆記，再寄還給他。古札爾迪希望這本書擁有個人的對話風格，就像是由霍金本人娓娓道來地說故事那樣。然而他發現，霍金所寫的初稿，就和他在出版提案中所發現的缺點一樣：冗長的文字，枯燥乏味而且無趣，語調也很不一致，有些段落像是為十二歲的孩子而寫的，另有一些則像是寫給物理研究生、甚至是霍金的同事看的。最讓霍金惱怒的是，古札爾迪對這些稿件毫不留情的批評。到最後，對於一般大眾來說，這仍然是一本難懂的硬書，但是只要你肯下點工夫，還是能理解該書的要旨。霍金終於交稿了。當《時間簡史》於一九八八年出版後，一時洛陽紙貴，供不應求。現在，這本書在全世界的銷售量已經超過一千萬冊。

在親密關係中被吞沒

結束了一天的工作之後，我和霍金搭上了他的廂型車準備回家，由帕特里克負責開車。這是一部經過改造的廂型車。改造這輛廂型車的費用，夠讓霍金去買一輛漂亮的跑車了，但卻會是一輛他根本就鑽不進去的小車。要讓霍金能夠搭乘的車輛，需要經過重大的改造：副駕側的乘客座椅必須拆除；必須內置一個金屬坡道，並安裝馬達來控制坡道的升降。當時的想法是把霍金的輪椅舉上來，然後從前排乘客座的後方放上車。這個方式雖有點冒險，但是如果小心搬動，也是個可行的做法。等他上車之後，再把輪椅轉向擋風玻璃，也把他的身體往前移動。還必須搭配一系列固定用皮帶和金屬掛鉤，以防顛簸或萬一發生事故時，可以把輪椅固定住。輪椅上還有一條尼龍扣帶，用來把他的頭固定好。所有這一切都是必要的，雖然我們只需要五分鐘的車程，一英里半的路程，就會回到霍金在華茲華斯路二十三號的家。

駛入車道後，帕特里克幫霍金下了車，之後我們就直奔大門。這棟房子的樸實宏偉，與霍金在劍橋的辦公室相比，更能說明霍金的知名度。在帕特里克回車上去拿沉重的醫療袋時，我按了門鈴。回答的人是伊蓮。霍金當時大約六十多歲，而伊蓮則是五十多歲。

「嗨，伊蓮，」我說。「很高興再次見到你」就在我正要說出這句話跟她打招呼時，她的動作比我還快，讓我來不及張口。

她無視於我，轉眼瞪向霍金。「他是誰？」她問，而且聽起來帶著怒氣。

然後，轉過來對我說：「你是誰！」

「我是雷納。」我心裡覺得有些抱歉。「我們見過面……」

「你是誰！」

「我正和霍金一起寫書……」

「你是編輯？」

「不，我是他的共同作者。我……」

她完全無視於我，再次轉向霍金。「是你帶他來吃晚飯的嗎？」她說這個話時的諷刺語氣，若出現在私下對他耳語的時候，並不會叫人意外，但她現在卻是大吼大叫地把它說出來。

「如果你能先通知我，事情會好一點。」她繼續說：「你從來都不會這樣做，對吧！因為你是史蒂芬．霍金，所以你不需要先通知別人！好吧，今晚的食物不夠吃！」

聽到這些，我開始有些退縮，但從霍金的眼神中，我看得出來他希望我能留下。他完全沒有不好意思或感到抱歉的表示。他甚至還快速地閃過一抹微笑，好像伊蓮是在說：嗨，親愛的！你帶一個朋友回來一起晚餐，真是太好了！

我告訴伊蓮，我並不很餓，但是很高興可以跟他們一起陪著霍金晚餐。她變得比較鎮靜一些。她說，這不是我的錯。現在，換成她無視霍金，邀請我一起到房子裡。就在這個時候，帕特里克提著醫療袋出現了，然後由他推著霍金去洗手間。

在他們離開之後，「對不起，」伊蓮說道：「我已經當了他二十年的奴隸，我已經受夠了。」

伊蓮領我走進廚房旁邊的用餐區。我從壁櫥裡拿了酒。帕特里克推著霍金加入了我們，伊蓮開始上第一道菜。除了帕特里克，大家都沒說什麼話。他看上去有些困惑。他可以感覺到氣氛有些變化，但是由於他當時不在場，所以他不知道發生了什麼。他持續幫霍金餵食，假裝什麼事都沒發生，試圖維持正常的晚餐氣氛。他也試著閒聊了幾句。

開動了幾分鐘之後，伊蓮抓起手上的盤子站了起來。她說：「我沒辦法繼續下去了。」接著，她就這樣端著盤子走開，然後走上樓梯。這讓我驚呆了。

這不是她第一次對我做出這樣的反應。當我第一次在法蘭克福遇到伊蓮時，我想幫她拍張照片。儘管這是在公開場合，但她的反應就像我是個「偷窺狂」一樣。她尖叫著喊說：「不行！」起初我以為她是很生氣，但很快就了解到，她是覺得尷尬害羞。「我不重要，什麼都不是！」她接著這樣說。我很誠意地跟她道歉，然後她的態度稍稍有些軟化，好像意識到自己反應過度，想做一些解釋。「對不起，」她說。「我就是不想拍照。我什麼也不是。我是個隱形人——就像空氣一樣。」我當時以為她就快要哭出來了。

那也是一件讓我感到疑惑的事情。我踩到了一個地雷，但那為什麼會是個地雷呢？她是否認為照片侵犯了隱私？從她在外的名聲，我知道她並不是個害羞或性格內向的人，那為什麼要把拍張照片變得那麼嚴重呢？是積怨已深嗎？她是不是在說：現在有誰敢關注我——太少了，太遲了？

多年之後，霍金已經去世了，我與伊蓮有機會聊了一下。她似乎比較成熟一些，而且能夠幫我對先前所經歷的事件有所了解。「霍金就像一個演員。」她說：「他需要成為關注的中心，宇宙的中心。他喜愛這些關心。它們給了他能量。他也愛所有的人。他有著艱難的人生，但他是一個非常勇敢的人。他從來不曾抱怨過任何事，但是，他需要成為關注的中心。而且，是的，我可能對此有些不滿。但不總是如此，只在我覺得疲累的時候，或是看到看護跟他調情的時候，或是其他有的沒的時候，會覺得很不舒服。但這都只是暫時的。怨恨都會過去。在我內心深處，他是我唯一的摯愛。」我相信她說的話。

有很多的單詞可以用來形容霍金。勇敢、頑固、持懷疑態度、視覺的、熱情的、好玩、決心、聰明過人、追求歡樂。但是，當你與他熟識之後，你會理解到他是多麼的脆弱：他的汗腺會折磨他。他的氣孔可以讓他無法呼吸。他的朋友或妻子可能背叛他。他接受每一個人、每一件事的擺布，然而隨著我們的關係愈來愈熟，我也愈來愈佩服他逆來順受的風度。然而，事情總是有兩面。跟霍金有關係，也是會讓你變得很脆弱。他的生理需求可能隨時跳出來打斷你們正在做的事。計畫永遠趕不上變化。混亂是常態。根本沒有時間管理可言。交流是零星片段的，而且可能得耗上很久的時間。物理永遠是第一優先，而未完成的任務總是很快就堆積如山。很少會聽到「謝謝你」，甚至要隔很久才能再聽到一次。而對於任何一位新娘來說，他的第一次婚姻都是一個包袱。

要與霍金結婚，你肯定必須拋棄自己的某些部分。這不是因為霍金有一顆冷漠的心，而是因為被他溫暖的靈魂所吸引。我很想知道，當你握著他的手，而他卻無法反握回來的時候，是一種怎樣的感覺？由於有這種在建立連結上的困難，以及因為他的種種需求與名聲所需要做出的犧牲，很容易在親密的關係中被吞沒、失去方向，感到自我渺小。

我對霍金深感同情，也覺得和他一起合作非常有價值。但是我一點都不想成為他的室友、護士或妻子。我想和他住在一起，會讓人發瘋。我認為這就是發生在伊蓮身上的事情；至少是斷斷續續。或許，珍的情況也是如此。但我無法判斷。我跟珍只見過幾次面而已。

伊蓮突然地離開餐桌，讓我們所有人都覺得有些尷尬。我不認為我們有說什麼不該說的話去觸怒到她。她早先的煩惱一定持續在發酵，直到最終爆發為止。我不知道該如何應對這個狀況，帕特里克當然也不知道。「很好的沙拉！」他終於打破了沉默，然後繼續餵霍金吃東西。

我們的預付版稅應該加倍

這是一個相當漫長的夜晚，當我們自己吃完伊蓮所準備的晚餐時，我很高興終於能離開這裡了。我在心裡盤算著，要到先前發現的那家深夜酒吧去喝一點啤酒。我急著想離開，這樣我可以在半個小時後，十一點前走進那家「關門」卻沒有「結束營業」的酒吧。在我說了再見正要離開的時候，感覺霍金似乎還有話要說。於是，我留下來等著他打字。

「我們的預付版稅不夠多。」他的聲音說道。

我聳了聳肩。「我自己也覺得有點低，但我以為這是你和艾爾負責的事情。」艾爾就是札克曼。在《簡史》出版三十年之後，他仍然是霍金的經紀人。他又開始打字。我覺得，他現在提出這個話題，實在有些奇怪。

霍金說：「我們應該加倍。」

我笑了。「我也這麼認為！實在太糟糕了，」我說。「我想知道，當初為什麼您沒有要更多。」

霍金做了鬼臉。我明明是同意他的意見，他為什麼要對我做鬼臉？

然後他說：「我想讓你告訴艾爾，我們希望我們的預付版稅要加倍。」

這讓我啞口無言。我們怎麼能跟艾爾要求更多錢呢？那是我們一致同意的預付金額。我們也簽了約。而且，關於這本書，我們根本就還沒有寫多少。霍金的這個建議，和他說黑洞會散發輻射的想法一樣荒謬。

「呃……我不覺得我們可以這麼做。」我說。

通常我是個相當有自信的人，但我現在卻覺得自己有些懦弱。回過頭去推翻我們自己說過的話以及簽過的合約，是不對的。但是我也不太敢跟霍金說，我不想這麼做。他又做了一次鬼臉。

「艾爾會很沮喪。」我說：「沒有人會這樣做事情。」

「如果艾爾不喜歡它，該死的艾爾，」霍金說。我知道「該死的」（bugger）是一個溫和的英國髒話。我之前在酒吧裡遇過一些人，就聽過他們詛咒首相「該死」。但是我真的不知道這是什麼意思，而且，聽到電腦語音在詛咒人，感覺真是奇怪。還有，聽到霍金這樣去說他寫作生涯中的貴人，也很奇怪。儘管如此，霍金的意思倒是很明確。

我想了一會兒。他的態度看起來很堅決。最後，我說：「好吧。我在回家的路上會經過紐約。我會找艾爾談談，然後讓你知道。」

目睹了這一切的帕特里克似乎覺得很有趣。

他說：「歡迎來到霍金世界。」然後，轉過頭對霍金說：「我也能把我的工資加倍嗎？」

第十章

普及科學、行銷物理學

《時間簡史》在一九八八年愚人節那天問世，當時四十六歲的霍金，在同行之間已經被認為是他這一代最偉大的理論物理學家之一。然而，如果他是最偉大的籃球運動員、歌手或企業執行長之一，那麼他的收入將足夠他花用一輩子。但是對於霍金來說，在一九八八年愚人節之前，養活自己，一直是個無間斷的掙扎。這不只是付房租這麼簡單，而是要活著。要受照顧活著。理論上，蠟燭一旦點燃，就會穩定燃燒，直至熄滅。但是霍金這根蠟燭需要不斷的照顧。每小時，每一天，年復一年，隨時都有可能因忽然刮來一陣風，而把它吹滅。

儘管像「由頂尖物理學家親身解釋他的理論」之類的標題，可以貼切地描述《時間簡史》這本書，但這並不是該書及其作者出現在媒體上的方式。在媒體上，這位無法移動的史蒂芬·霍金被稱為「宇宙大師」。無神論者史蒂芬·霍金，被標榜為「知道上帝思想的勇敢物理學家」。誇大的標題，只是媒體要行銷自己文章的手段而已。假設有一篇報告太陽將在五十億年內爆炸為紅巨星的學術論文，在媒體的世界裡，可能變成一篇標題為「科學家說世界即將終結」的研究報告。但是，媒體炒作不僅推銷了這些文章，它也推銷了這本書，以及這本書的作者：霍金。

很快地，在公眾的眼中，霍金不僅是當代最偉大的一位物理學家，更是自柏拉圖以來最偉大的思想家之一。霍金的一些同事雖對這種炒作覺得可笑，卻仍為他感到高興。但這也引起某些人的抱怨。曾有人在一九八八年倫敦的《週日泰晤士報》上投書說，若在二十世紀裡，評選十二位最佳物理學家，霍金將不會在這份名單中。霍金也同意這個評估。他知道，早在加州理工學院時，光是在位於勞里森實驗室（Lauritsen Laboratory）四樓的物理學家裡，他也只有排名第三；排在蓋爾曼和費曼之後。儘管如此，霍金還是很高興成為他研究領域裡的代言人。更重要的是，他可能比任何其他活著的物理學家，都還更需要因成名所帶來的金錢。金錢是否帶來幸福，是心理學家爭論的一個主題。但對於霍金來說，金錢是可以帶給他生命的重要元素。

霍金的名氣並沒有真的改變他什麼。與大多數聰明又有成就的人一樣，霍金有某種程度的傲慢與自大，但他也懂得感恩，正如所有理論學家從經驗中所體悟的那樣，儘管他知道自己聰明，但他也知道，自然更聰明。這本書的確改變了霍金的物理學學術生活，但是，作為一個新寵名人，占用了他非常多的時間。在《簡史》出版之後，密集的媒體活動，以及許多的邀約，更遑論他在那時與珍分手，以及稍後與伊蓮結婚，並和她一起搬入新房子等家庭事務……九〇年代，無疑是他作為物理學家，產量最低的一段時期。

在《簡史》出版後的十年裡，霍金在該領域最著名的貢獻，並不在物理學本身，而在於物理學的行銷。這是由於他與索恩一起，和索恩在加州理工的同事普雷斯基爾（John Preskill）在一九九七年的一場打賭所引起的。這場賭局與霍金於一九七五年首次提出的一個問題有關。

從物理學的角度來看，所有物質都具有編碼的資訊。例如，氦原子攜帶的資訊是，它不是氫或其他元素。霍金的賭注是，當一小部分物質變成黑洞的一部分之後，該資訊的命運，會在隨後的霍金輻射過程中消失。這個問題通常被稱為黑洞資訊悖論。由於霍金的聲譽，這場賭局成了全世界的頭條新聞，也增加了物理學家對這個問題的興趣。

物理學是關於對未來的預測。但不是人類社會的未來，也不是股票市場的未來——那些太複雜了，必須留給其他學科去解決。我們物理學家只專注在物質與能量的最簡單形式：粒子、光、材料與流體。我們創建這些事物的理論，並推導它們遵循的定律，以期能夠理解物質與能量系統如何隨著時間而相互作用和演化。

鑑於「預測」是物理學的中心目標，那麼，很自然地，物理理論的基本要求就是，它可以告訴我們，在已知系統當前的狀態下，如何去計算該系統的未來狀態。這就是資訊進入這場遊戲的地方——透過「狀態」：物理學家以相關數據來表示某系統的狀態，而這些數據就是資訊。

我們已經看到，在量子理論中，與系統相關的資訊被編碼寫進其波函數中。該波函數隨時間變化，反映了系統狀態的變化方式，如果你知道在某個特定時刻的波函數，則該理論的原理將告訴你，如何計算其他任何時間的波函數。因此，倘若你知道原子目前的波函數，並且想知道在一分鐘之後，其系統具有某些性質的機率，那麼你可以從波函數中去提取這些訊息。

同樣重要的是，你可以從時間上較晚的波函數，向後推論，去計算較早時刻之前的波函數。就波函數而言，過去和將來都可以是已知的。物理學家稱這種性質為公正演化（unitary evolution），或更簡單地說，是公正性（unitarity）。它是量子理論中最為基本的數學和物理學原理之一。

把沙子放入水中攪拌，不會讓水變鹹。沙灘上的鹽，會隨著海浪的拍打而溶解到海水裡。自然界的東西可以被轉化，但是每種材料，每種分子、原子、粒子都有其各自的特性和特徵，它們對於掉入水中、燃燒或碾碎等，也都會有各自不同的反應。原則上，即使是由兩本燃燒的書所產生的煙霧，也會因為它們的初始狀態不同，而顯示出不同的煙霧。這是公正性的結果；這意味著，通過分析某個過程的結果，你可以（就原則上）推斷出系統的啟動方式。譬如說，如果你喝到一杯鹹的水，你會知道之前有鹽巴（而不是沙子）被加到這杯水中。

而這似乎是黑洞異於宇宙任何其他物體的地方。如果把鹽巴和沙粒扔進黑洞裡，它們的質量都會稍微增加一些，而不會有其他的改變。因此，可以把某種物質與另一種物質區分開的特徵將不復存在。而且，由於兩種物質都具有相同效果，我們將無法從外部去確定，掉進黑洞的原物體為何。這對公正性而言，是個大麻煩：因為這意味著，如果黑洞吞噬了物質，你將無法再使用系統於當前狀態的資訊，去重建它過去的狀態與歷史。過去，已消失無蹤。它已被刪除，不可能再被發現或找到了。

但是黑洞真的可以吞下物質嗎？考慮一個思想實驗：假設索恩和霍金各自在不同的太空船中，在距黑洞一定距離以外的地方探索太空。索恩決定要查看黑洞內部的外觀，因此他讓飛船駛向黑洞，並記錄下他穿過黑洞視界後看到的一切。可悲的是，他所觀察到的所有事情，只有他自己知道，因為一旦越過事件視界，他和他所傳送的任何訊號都永遠無法穿越視界而傳遞出來。這是在通俗的黑洞物理學中經常被提到的情況。但是索恩的觀點在此並不重要。與資訊丟失這個議題相關的是霍金的觀點，亦即在黑洞之外的人的觀點。

從霍金的角度來看，索恩永遠不會陷入黑洞裡。實際上，那些與黑洞有一段距離的人，永遠都不會觀察到有任何物體掉入黑洞中。這是因為從遠處那裡的人來看，黑洞附近的時間會變慢。隨著時鐘逐漸接近黑洞，遙遠的觀察者將會看到時鐘的滴答聲變得愈來愈慢。同樣地，他們會看到接近黑洞的物體，它的移動速度也會變得愈來愈慢——一直會慢到看似根本沒在移動那樣。[17]然而，儘管如此，從像索恩這樣的觀察者來看，他們是可以掉入一個黑洞並環顧四周，但從一段距離以外的霍金來看，包括索恩在內的所有物體似乎逐漸減速，並停在黑洞外面。看起來就好像它們「卡在」黑洞表面一樣。

兩位觀察者經歷了矛盾的事件，雖然很奇怪，但這對物理學來說並不是問題，因為那些掉入其中的人與那些留在外面的人，彼此之間無法相互交流——這就像他們是存在於兩個獨立的平行宇宙一樣。

對於公正性原則而言，重要的是，就外部觀察者來說，物體永遠不會完成掉入黑洞的過程。它們並不會真正被黑洞吞噬，因此它們所攜帶的資訊不會丟失。公正性原則是安全

---

17 廣義相對論還告訴我們，在黑洞外圍的時間變慢意味著，由卡在外面的物體所發出的光波，其振盪頻率將會隨之減緩。它們的頻率最終將降低到某個程度，是我們當前所有的技術水平無論如何都無法檢測的程度。就某些方面而言，這使得這些物體是否已陷入或只是停留在黑洞視界之外，成為一個可以討論的議題。

的。

這就是霍金輻射派得上用場的地方。根據霍金的計算，黑洞會輻射能量，而這個輻射與任何具有溫度的物體所發出來的普通輝光一樣。它將不會包含任何資訊。更重要的是，霍金預測，隨著黑洞的縮小，這會是一個加速的過程，直至最後，黑洞會消失在一個大爆炸裡，而且會消失得無影無蹤。在這個瞬間，資訊已然丟失，違反公正性原理。量子理論的數學說，這是不可能發生的，但是霍金的黑洞理論卻說，這是會發生的。這就是黑洞資訊悖論。根據霍金的理論，量子力學用以追蹤系統演化的處方，會在某個時刻失效。

奇怪的是，幾十年來，霍金輻射似乎違反了量子理論的基本原理，但這件事並未引起太大關注。然後，到了九〇年代，在阿根廷裔美國物理學家馬爾達西那（Juan Maldacena）取得理論上的突破，以及霍金那場著名的賭注之後，人們對此議題的興趣才開始變大。在那場賭注中，霍金和索恩認為資訊確實會丟失，因此必須以一種未知的方式去修改量子理論，來解釋這些丟失的資訊。在另一方面，普雷斯基爾則打賭，霍金的計算是錯誤的。他認為，霍金在推導他的理論的過程中，所採取的某個數學近似，會產生讓資訊看起來「似乎」會丟失的結果，而實際上卻不是這樣。

在普雷斯基爾看來，如果有人能夠確實地解決這個問題（通過每個人都在期待，有朝一日能夠出現的量子重力理論），或者如果我們可以找到一個更好的近似解，那麼就會發現這個問題中的資訊會以某種方式出現。

同意普雷斯基爾觀點的人認為，霍金對於霍金輻射的特徵的理解是錯誤的。正如霍金總結的那樣，也許這個輻射並不是一般常見的熱輻射，而是以某種方式對資訊編碼的特殊輻射。畢竟，從外部觀察者的角度來看，物體永遠不會完全掉入黑洞之中，而是會停在「剛好卡在外面」的狀態下，那麼，人們可能會問：當黑洞消失時，這一層「物質殼」會變成怎樣？沒人知道。能否證明，保存在那裡的資訊可以透過蒸發過程還原回來嗎？這也沒人知道。另一個流行的理論是，與霍金所得出的結論不同，輻射中的黑洞並不會完全消失，而是會留下包含資訊的殘餘物。

在其他人思考這些想法的同時，霍金也是。然後，在下注的七年之後，二〇〇四年，霍金安排了一個重要公告，發表有關他對於該賭注的最新想法。在滿意自己所解決的問題之後，他再次突襲了物理社群。

傳遞霍金的口信

正如我向霍金做出的承諾，從劍橋回家的路上，我去了作家之家，拜訪了札克曼。自從札克曼「發現」霍金以來，這家作家經紀公司已經發展了二十年，現在在百老匯附近的西二十六街上，已是擁有兩座相鄰磚房的大公司了。它們是老式的四層樓建築，從無電梯的住宅改建而成，幾乎沒有窗戶。隨著時光流逝，因為改建，有些牆壁被拆除，也有一些新增的牆壁，整個結構逐漸演變成一棟可以容納近二十個作家經紀人的建築。它雖有很多特色，但也很擁擠。

札克曼和他的建築物一樣固定。現在的他，七十多歲，是圖書業裡德高望重的老前輩，他的穿著也很符合這個身分。他甚至還擁有一對濃密的眉毛來配合他的身分。我的經紀人蘇珊（Susan Ginsburg）也是作家之家的一員，也在這次的會議裡。

蘇珊沒有告訴札克曼我們開這個會的目的。也許如果她說了，他就不會讓我們進到他的辦公室裡。但是我們進來了。我們從一般的閒聊開始。在我劈哩啪啦聊到劍橋的天氣有多糟糕時，我也做好準備，要來傳遞源自劍橋的訊息——霍金的口信。與霍金宣布霍金輻射的狀況相比，傳遞這個訊息應該是簡單多了，但我預期整個過程應該會一樣狼狽。「黑洞不會有輻射」的想法，就像是物理學家的咒語一樣，但霍金打破了這個魔咒。對我來說，「你不能食言，然後改口要求要加倍自己先前已經同意的預付版稅金額」，就像是代理的基本原則一樣。然而，霍金對這一點，也是完全不予理會。

「什麼？我不能這樣跟班坦說。」當我最後解釋，為什麼我會來看他時，札克曼這樣說道。然後，可以肯定的是，他繼續說：「書都還沒寫完。而且我們跟他們有合約。這也是你同意過的合同。我們有過承諾的。」

「我知道，」我說。我相當怯懦地說出這句話。

這是一個奇怪的情況。我知道，如果有人能夠實現霍金的要求，那一定是札克曼，但是如果有人會覺得這是個令人厭惡的想法，那也非札克曼莫屬。我對這整件事的感覺很糟，寧可置身事外。我寧可放棄要求更多錢的機會。自己去推掉可以賺得更多錢的機會，真是個奇怪的感覺。

「他為什麼突然提出這個要求？」

「我不知道，」我說。「但這就是霍金想要的。」

「如果我要得更多，班坦會生氣的！他們會發瘋！」札克曼預測道。

「是的，艾爾，但是他們會同意的，你不覺得嗎？」蘇珊這麼說。

「他們不會同意的，因為我不會去要求他們同意。我就是做不到。」札克曼堅持道。

我們坐在那裡，就像三個電視問答比賽的參賽者，因為沒人知道波札那（Botswana）的首都在哪裡，瞬間陷入沉默，相視無語。最終由蘇珊打破了沉默。

蘇珊提議道：「我們何不延到明後天再說？我們可以打個電話，明天或後天再來研究這個問題。」

「我不需要等到明後天，」札克曼說道。「就告訴霍金，我說：不行。」

「好吧，」我說。「但是，札克曼，有些事應該讓您知道一下。我們私下說，我認為霍金似乎有些不滿意。」

「你什麼意思？」札克曼問。

我說：「他前段時間講了一些話。」我不太願意提它，但他真的這麼說過。「他擔心您變得不那麼積極進取。」

「不積極進取嗎？這與它無關。更多的預付版稅不會有任何改變。無論哪種方式，你們都會獲得相同的金額。現在，是預付版稅；稍後，則是版權費。這本書很棒。它可以賣出一百萬本以上。告訴他，我說這是個壞主意，因為預付版稅根本不重要。」

「我可以告訴他，」我說。「或者，你可以給他發個電子郵件，自己跟他說。」

「好的，我會的。」札克曼反駁道。

我曾考慮過不要說一件事。但是我現在決定向札克曼全盤托出。

「我應該跟您說，霍金也說了別的話。」我補充道：「他說，如果札克曼不這樣做，那就是『混蛋艾爾』。」

「當雷納告訴我這件事時，我也覺得震驚，」蘇珊說。「但是我敢肯定，霍金並沒有任何不好的意思。這只是一種英國人的表達方式而已。」

「他真的說了『混蛋艾爾』？」札克曼追問；語氣聽起來很刻薄。

「對不起，」我繼續說道。「這樣傳話，我覺得很尷尬。但這就是他所說的。」

與他分享這件事讓我感覺很不好受。我知道，從霍金的口中聽到這樣的話語，對札克曼而言，會是多麼地受傷，特別是札克曼曾對他付出了許多。現場陷入了一段很長時間的沉默。我真希望自己不是在這裡，而是能在一個比較舒適的環境，譬如在牙醫診所的診療椅上被鑽牙。札克曼把目光轉向蘇珊，然後又轉向我。他濃密的眉毛，一上一下，然後聳了聳肩，他說：「我被罵過更難聽的。」他微笑著問我的孩子們過得怎麼樣。

那差不多就是我們那次會議的結束。聽到「混蛋艾爾」的評語之後，札克曼決定去跟班坦談，去「試探他們」一下。他們一定感覺很好，因為我知道的下一件事，就是我們的預付版稅被加倍了。

當我下一次與霍金碰面，談到這件事時，他的反應不大。他似乎一直都認為班坦會同意此事，根本沒有進一步考量這個問題。他似乎充分理解到（當時我還沒意識到）：史蒂芬·霍金是把班坦變成「班坦」的人。不過，札克曼也是正確的。《大設計》的銷售狀況良好，總計來看，預付版稅加倍與否，並沒有任何差別。

走向多元宇宙觀

在伊蓮和霍金出庭後的隔天，我和霍金在一起，她接受了霍金提出的離婚和解協議。那時他剛滿六十五歲。他們在二〇〇六年十月提出離婚，不過伊蓮仍未搬走。但那並不意味著他們彼此還常常碰面——他們有各自獨立的生活空間，伊蓮住在樓上，一樓則是他的專屬空間。霍金沒有堅持要伊蓮搬出這棟房子，茱迪絲說那是因為「他的人太好」。但我認為，事情不僅僅是如此。我覺得是因為他還是很想念她。僅僅因為你不能與某人一起生活，並不意味著你就可以沒有她。

在那天大部分的時間裡，霍金的眼裡都含著淚水。奇怪的是，我們卻完成了很多進度。

有些人會用菸酒來淹死他們的悲傷，但霍金卻是用物理來做到這一點。後來，茱迪絲和瓊都告訴我，我在那裡，讓霍金精神振奮，他也覺得我們的討論「鼓舞人心」。我很高興聽到她們這麼說，但我卻對此半信半疑。因為霍金不像是會說這類好話的人。

在那天，我不確定我們工作是否鼓舞了霍金，但至少我是受到了一些鼓舞。當時，我們在談論「宇宙的微調」問題。我剛讀完一本相關的技術性書籍，我發現那本書講得十分清楚。在書中，多位理論學家針對物理定律有微小差異的狀況，分析了各種可能的宇宙演化模型。我們能在多大程度上去改變物理定律，而仍能讓宇宙演化出生命？根據他們的計算，這裡沒有太大的迴旋空間。

霍金和我之前曾討論過微調的問題，但是直到我讀那本書之前，我並沒有意識到，這份微調必須多麼精細，才能產生一個類似我們這樣的世界。顯然，除非有著幾乎與目前完全相同的定律，否則不可能出現這樣一個由恆星、行星、碳原子和生命所必需的其他事物所組成的宇宙。例如，把原子核中的強作用力強度調整半個百分點，把靜電力的強度改變四個百分點，或是把質子的質量改變五百分之一，那麼我們就不可能存在了。我思索著，幾年前的漸凍人確診，如何顛覆了霍金的生理宇宙，然而他還是找到了存活下來的方法。再者，與伊蓮離婚的這件事，如何顛覆他的心理世界，但我也相信，他一樣能從這裡走出來。然而，宇宙中的生命顯然沒有這麼強韌。

在霍金悲痛的浪潮之間，我們談到了微調研究的存在意義。似乎只有兩種方式可以用來理解粒子、力和定律之間如此微妙的平衡。一個是通過呼喚上帝。在此情況下，我們認為在這個微調的背後，是根據祂宏偉的設計而來。而另一個解釋，則是採用多元宇宙的概念。在這個情況下，我們接受多個宇宙的存在，每個宇宙具有各自不同的定律。因此，微調並不是一個神祕難解的謎團，因為在某些宇宙中（與我們自己的宇宙非常相似），生命是可能的，而在另一些宇宙中，則是不可能出現生命。並且，由於我們確實存在，顯然我們是位於可能允許我們存在的某個宇宙之中。

這就好像是想在一個小湖裡找到一個魚類群落一樣，但這個小湖卻是位在一片廣闊沙漠的正中間。儘管宜居的湖泊是魚類賴以生存的唯一地方，但牠們在那裡找到自己並不是一個「幸運的奇蹟」，因為沒有任何魚類會在炎熱乾燥的沙灘上生長。這就是我們希望在《大設計》中提出來的觀點。

值得注意的是，霍金並不是為了要避免對神的需求，而刻意去接受多元宇宙觀。相反地，是他的研究使他走向了多元宇宙觀，而與微調的問題無關。然而，微調的含義使他很感興趣。霍金強烈反對這樣的觀念：如果科學還不能解釋某種現象，那必定是因為該現象是科學所無法企及的。這是他對宇宙起源的研究之所以感到如此興奮的原因之一；因為它觸及了一個科學尚未解決的少數領域。藉由解決這個問題，霍金認為自己的研究增強了科學自身的有效性，他為此感到自豪。微調的問題也是這其中的一部分。

儘管我們倆都在討論之中有些迷路，但我很難去忽視霍金內心深處的那些悲傷。我知道，他認為自己永遠無法像愛伊蓮一樣再去愛別人，就像我知道，她對他也有相同的感覺。我想，他可能會害怕自己孤身一人。我也知道，他對婚姻破裂所抱持的矛盾心態。經過與好友索恩和羅伯特的長談之後，他終於下定決心。在他們的建議和鼓勵之下，他決定，他的麻煩必須靠結束這段婚姻來解決。事後分析，沒有人清楚是由他或是伊蓮先發起了訴訟，但無論是誰起的頭，正如羅伯特告訴我的那樣，一旦他決定他們倆要分手，霍金就會有他自己的方式去策畫這件事。不過，霍金似乎一想到伊蓮，眼眶就是濕的。

在歷史上留下一筆重彩

結束工作後，霍金像往常一樣邀我與他共進晚餐，這次是我住在岡維爾與凱斯學院裡的時候，那是老劍橋裡的一個建築群。晚餐的地點是在學院裡的院士餐廳（Fellows Dining

Room）。這些建築的歷史可以追溯到一三五三年，圍繞著兩個主要的庭院而建。我的房間可以俯瞰其中一個。這些建築結構有很多特色。它們還具有你可以從十四世紀的石頭建築裡所期望擁有的高品質暖氣、水管與電氣設施。

如果你知道院士餐廳是在哪一棟建築物裡，那麼要走到那裡就不是件難事。您只要走進一個標有院士樓梯間的地方，順著那個舊的木製樓梯往上走，就會到了。這讓它遠離在對街的另一個樓梯間，是給那些比較不那麼尊貴的人走的，會把他們領到一些比較不那麼尊貴的房間，例如是學生用餐的地方。但是對於殘障人士來說，只有一種方法可以上樓：在院士樓梯間的底層附近，有一台緩慢、而且會嘎嘎作響的升降電梯。多年來，這座華麗的木鑲板電梯似乎隨著歷史而愈來愈顯得有格調與特色，但是電動馬達不會隨著年齡的增長而變得更有格調，在我搭乘了幾次之後，我發現它其實很嚇人。升降電梯的空間很小，剛好足夠塞進霍金的輪椅，所以我們不得不先把他推進電梯，按下按鈕後，讓他獨自搭電梯上樓。接著，我們爬樓梯上去，再把他從電梯裡拉出來。我第一次目睹這個方式時，心中有些忐忑，想著「萬一電梯卡住了怎麼辦？」但是霍金對此倒是非常放心。畢竟他已經這樣上上下下好幾百次了。

我們的夜晚從在一個華麗的老房間裡喝著雪利酒開始，而在另一個華麗的老房間裡喝著波特酒結束。這些是霍金從研究生時代起就一直會去喝酒的房間，只是那時候，他需要其他院士的邀請。兩個房間的牆壁都襯有肖像。我研究了其中一幅，它的主角是布蘭斯韋特（William Branthwaite），他於一六〇七年被選為凱斯學院的院長，當時該學院的學術焦點是醫學。然而，諷刺的是，在他當院長的時候，學院有一條禁止重病的人入學的規定。除此之外，該學院還禁止殘障人士或任何「畸形、啞巴、瘸腳、傷殘或威爾斯人」進入。除了不是威爾斯人之外，霍金統統都符合。他很幸運，不是生活在那個時代。對我來說，我只是很高興他們沒有禁止醉酒的人進入，因為在我空腹的時候，一喝雪利酒就會醉。

在喝這兩攤酒之間，我們在另一個華麗的房間裡吃晚餐，那裡就是院士餐廳。這個房間的的尺寸很奇怪：長度很長，而且有些狹窄。挑高的天花板上交錯著米黃色的橫梁，上面繪有複雜精緻的多顏色圖案。朝向室外的這一側，窗戶一直向上延伸到屋頂，窗戶之間是古希臘科林斯式的圓柱。在內牆的上方，也就是科林斯柱與橫梁之間的雕畫帶，繪有戰士戰爭場景的淺浮雕畫像。希臘人與亞馬遜人的戰爭？我不確定。

一張胡桃木餐桌幾乎占據了整個房間的長度。它可以容納六十四人。但是，我們只有十個人在那裡用餐。若是在中餐廳，十個人剛好可以坐滿一個圓桌，但是在這個大房間裡，我們十個人坐在那裡，另外還有五十四個空位，讓人覺得我們好像是在鬼城作客。我看著霍金，他似乎很自在。我想，某個人會覺得陰森森的地方，可能是另一個人的生活常態。

瓷器餐具很優雅。食物很清淡，而且煮得太熟了。牛里肌肉、胡蘿蔔、青豆、馬鈴薯都以傳統的古老方式來烹煮，這裡以供應古老的傳統英國食物享有盛譽。就我所知，布蘭斯韋特也吃過同樣的東西。這裡的服務也非常傳統。周到細緻。如果你拿起玻璃杯喝了一小口的水，那麼在你把那一口水吞下去之前，服務生就會幫你把杯子裡的水重新加滿。對於我們這十個客人，就有三個服務生。不過，真的在服務的人只有兩個。

第三個服務生是一位瘦弱的中年男子，叫作「侍役長」，他立正站好，除了雙手之外，身體其他地方一動也不動。他用雙手做出各種手勢，以及指示方向，指揮著另外兩個女服務生，就像在操縱兩個木偶一樣。他的動作豐富多彩，富戲劇性，但完全沉默無聲。有一次，我們在家裡吃晚餐，我請我的小兒子阿列克謝（Alexei）把奶油小餐包遞給我。他一時興起，把它從桌子的另一邊扔過來，我得用手去接住它。雖然有點沒規矩，但是我不在意，因為頂好玩的。當然，今晚不是那一類型的晚餐。

儘管今晚充滿了繁文縟節，但還是一頓歡樂的晚餐。有一次，我的體重忽然掉了很多，醫生告誡我：卡路里就是生命，你必須得吃才能活著。對霍金而言，吃飯不僅是為了要活著而已。他不會在意肉煮得太乾。他的看護會在用湯匙餵食時，幫它與大量的肉汁混合在一起。所以，他被餵食的，不僅僅是那口肉而已，也包括眾人的陪伴。

我和霍金坐在一起。在我的另一邊是一個健談的傢伙，他曾經是英國駐波蘭的大使。這顯然是一個需要大量喝伏特加酒的工作。無論你是否要喝，他們都會倒給你，而且也期待你喝。他今晚比大家都清醒，沒有喝醉，而且擁有凱斯學院院長的頭銜。令我印象深刻的是，從布蘭斯韋特那時到現在，整整四百年，我竟然和一個做過相同工作的人坐在一起。這位前大使和現任院長是一個話很多的人。他大發議論，講述如何在波蘭官方聚會上「擺譜兒」的藝術，同時又得偷偷地把伏特加倒入盆栽中的方法。

這個話題似乎引起了霍金的興趣。我記得，當學生時，霍金曾告訴他的朋友羅伯特，吃這種高檔但又狂飲的劍橋晚餐之後，想在隔天不會覺得不舒服的關鍵是，在吃飯時要喝大量的酒，飯後絕對不喝波特酒或白蘭地。在劍橋，你是可以拒絕的，因為倒酒會有個儀式，而這個儀式是從問句「您要再多一些嗎？」開始的。在華沙，他們顯然跳過了這個儀式。霍金似乎對所有這些事有一些意見。他似乎有幾次想要插話，附和個幾句，但是他沒有這麼做。他太忙著要咀嚼那些堅韌的肉了。

儘管我認為這段「避開伏特加」的對話，不符合傳統劍橋學者的標準，但對我而言，想到自己的人生竟然會與凱斯學院院長有關聯，感覺相當激動：一位在二十一世紀初期的布蘭斯韋特，這個人，由於他的職位的緣故，可能會被坐在這裡用餐的人覺得，他已經在這裡坐了整整四百年之久。

如果我只是來到這裡，就可以感受到劍橋悠久歷史中的一小部分，那麼我想霍金會喜歡這樣一個事實：透過他的發現，他也在劍橋的歷史留下了貢獻。在凱斯學院這裡，讓我感覺彷彿置身於另一個行星那樣，但霍金卻覺得舒適、滿足和快樂。從研究生時代開始，在他還不需要被綁在輪椅上之前，這裡就是他生活和工作的地方。他一直都愛著劍橋，他在劍橋的同事物理學家也都愛著他。他本可以離開這裡，改去加州理工學院或任何其他頂級大學，別處都願意提供他更高薪水的教職，但他選擇留在這個跟家一樣的地方。在我們去吃飯的路上，他的身體似乎因虛弱而有些顫抖，臉色也很蒼白。但現在，在這個到處都是肖像和傳統的地方，我看到他開始放鬆下來。

當我們換到波特酒與乳酪的房間時，霍金喝了一些波特酒，但只有幾口而已。儘管他在晚餐時很安靜，沒有說什麼話，但在這裡他聊了一點。其中的一次是，他在電腦上輸入一些東西，然後用電腦語音播放出來，並對著我微笑。他的訊息是「我再也不會結婚了」。

我說：「離婚永遠是對方的錯。」他又微笑了一次。

當霍金愛上伊蓮時，他知道從她身上他發現了自己對生活的喜悅。無論他做什麼，無論他走到哪裡，他都知道她很高興與他在一起，反之亦然。那時，他們正被愛情燃燒著，儘管他被局限在一個無用的身體裡，但他們之間的這份愛情，仍然可使他精神煥發。

現在他將獨自面對未來。如果他有幸能長壽並變老，那麼他將會在沒有她的陪伴下，孤獨地老去。所幸，身處在這個有著悠久歷史傳統的房間，坐在那張宏偉的大餐桌旁，霍金似乎從中得到一些安慰。就像一位虔誠的宗教人士，在知道自己的命運掌握在上帝的手中時那樣。霍金似乎總是可以隨遇而安，因為他知道自己在「大設計」中的地位，知道人類如何融入大自然和宇宙的這一個整體計畫裡。現在，我看到他，在這個擁有悠久而優雅傳統的大學裡，找到一個屬於自己的位置，也給了他相似的安慰。它給了他一個視角，這似乎可以幫助他去接受他得讓伊蓮離開的事實。他知道他們在一起的生活已經成為過去，就像他知道自己在不久的將來就會過世，而加入到其他已經過世的學者行列，透過他的不朽思想和牆上的肖像而繼續活在世人心中。

承認黑洞資訊會遺失是錯的

二〇〇四年，當霍金決定要解決他對黑洞資訊悖論的賭注時，他選擇到第十七屆廣義相對論和萬有引力國際研討會上去公開他的想法。儘管花了他七年的時間才得出結論，但他並不是要去那個研討會上宣稱勝利，而是要去那裡認輸的。再一次，他確定自己在重要議題上想錯了，而且決定要改變自己的立場。

研討會在都柏林皇家學會（Royal Dublin Society）的大音樂廳舉行。這次聚會很像費曼在一九六二年參加的華沙會議（並讓他嗤之以鼻的那次）。然而，現在，大約四十二年後，廣義相對論和引力會議所吸引的人不再是「一大群草包」，而是最好和最聰明的人才。這其中有很大一部分的理由，要歸功於霍金在一九六〇年代與七〇年代的工作。

儘管霍金幫助建立了這個領域，但正如一位部落客所寫的那樣，在這次會議上，人們對霍金即將要發表的言論充滿了「懷疑的好奇心」。多虧了霍金的成就，這個場所才不會像是年輕的他在宣布發現霍金輻射時的那個裝滿了食人魚的魚缸。話雖如此，用一位與會者的話說，在場的物理學家中，沒有人「似乎相信，霍金可以突然解決這個問題，特別是這個問題在數十年來，已經從許多角度被廣泛地研究過了。另一個理由是，霍金幾乎是三十年前就已經完成他最好的研究成果了」。

但是，那不是媒體的態度。這次研討會的新聞通行證受歡迎的程度，號稱空前。以前的研討會大都要拜託一些媒體記者出席，而這次竟然要勸說他們打消出席採訪的計畫，或是限制每家公司申請通行證的數量。此外，研討會的主辦單位還花近一萬美元聘請了一家公司，以阻止沒有通行證而擅自入場的人。

霍金的研究總是非常複雜，而且富含很多技術性細節，即使對於理論物理學家也不例外。我的一位合作夥伴布蘭（Todd Brun），他有博士學位，指導教授是加州理工學院的蓋爾曼。他告訴我，他在加州理工讀博士的時候，上過由普雷斯基爾所開的重力高級課程。該課程的前兩個學期是廣義相對論（一學年有四個學期）。在這兩個學期裡，學生們能夠對這一涵蓋範圍很廣的主題有一個基本的認識。在另一方面，整個第三學期就只有討論一個主題：霍金對霍金輻射的計算。對我來說，這樣一位根本無法用手寫下一條方程式的人，竟能夠推導出占整個研究生課程內容四分之一的理論，這件事就和霍金輻射本身一樣令人驚訝。

霍金解決黑洞資訊遺失的方法，與他最初有關黑洞輻射的研究一樣複雜而富有創意。物理學家經常透過分析所謂的「散射實驗」的結果來研究基本粒子。在那種情況下，人們會讓兩個粒子或兩條粒子束，互相瞄準對方而發射。當它們碰撞時，會發生非常複雜的交互作用，過程複雜到無法分析其中的細節。幸運的是，科學家只需知道發射到碰撞區域的內容，然後等這個激烈而騷亂的碰撞事件結束之後，從碰撞事件之後的結果來測試基本粒子理論。這一類的分析是基本粒子物理學家的「謀生之道」。霍金把這個方法拿來應用在研究黑洞上，就像他降伏了潘洛斯的大霹靂理論技術，把它寫進博士論文一樣，二者都出於相同的目的。

為了解決資訊遺失的問題，霍金設想以一種特殊的方式，把一大群粒子集中射向同一個地方，這樣，當它們相遇時，它們將具有足夠的物質和能量去形成一個黑洞。然後，他研究在理論上，所有這些粒子發生交互作用後可能出現的情況。他在都柏林演講中說：「人們從無窮遠處（即，很遠的地方）發出粒子和輻射，再回去測量無窮遠處發生了什麼事。」「人們永遠不會在中間（發生複雜交互作用的地方）去探測場的強度。」

儘管概念很簡單，但分析過程卻很複雜。為了做到這一點，霍金使用了費曼的方法：歷史總和法。記住，造就某一個可測量到的結果，背後都有無限多種可能的歷史途徑，而費曼的方法是要求你把這所有可能的歷史途徑全部加總起來：對於你正在研究中的系統的所有粒子，每個粒子可能出現「歷史」軌跡。在追蹤碰撞過程中可能發生的演變時，霍金說，儘管絕大多數可能的歷史都會被包含進黑洞形成的過程，但有少數的歷史軌跡是不會有黑洞形成的。霍金說，這是他的主要頓悟。「我將證明資訊可以透過這種可能性而保留下來，」他說。

在那些沒有形成黑洞的歷史軌跡中，顯然不會發生黑洞資訊遺失的現象，因此，他大部分的談話內容都集中在論證，當我們把所有的歷史以費曼總和法相加時，這一小部分的歷史子集合將使得資訊可以復原：資訊透過未形成黑洞的歷史軌跡，而偷偷潛逃回來。當然，這個簡單的邏輯背後的數學計算可以困難到是一場噩夢，而且讓霍金得出這個結論的計算過程有點神秘。就某方面而言，為了能夠進行數學運算，霍金必須做出的幾個可疑的近似值，可謂是「極大的簡化」。他在演講中介紹了這些內容，而且承諾稍後將會把所有的細節寫成論文發表。

在描述了他的想法之後，霍金承認他賭輸了。他宣布自己錯了，資訊不會遺失，而且公正性和量子理論都是有效的。他向普雷斯基爾獻出了他應得的賭注：一套「可以從中隨意回收資訊」的百科全書

研討會結束後，與霍金站在同一立場、認為資訊會遺失的索恩，拒絕遵循霍金的想法與認輸。「從表面上看，這是一個可愛的論點。」索恩說：「但是我還未看到細節。」

普雷斯基爾接受了霍金的認輸與百科全書，但他也沒有接受霍金的論點。「說實話，」他說：「我聽不懂他所說的內容。」他說：需要看到更多細節，我才能被說服。

他們的反應是物理學家的典型反應。無論是贊成或反對霍金的人，都在等待他的細

節。以前的霍金應該可以提供這些細節，但「新的霍金」卻認為他沒有足夠的時間去堅持嚴謹性的問題，他並沒有實際上去計算這些細節。他提出了自己的想法，然後把它分配給一名研究生，在他的監督下去進行這份艱巨的計算。不幸的是，這位學生還沒完成這份工作。索恩說：「他不是一個強到可以嚇人的學生。」

在霍金報名參加都柏林的研討會時，當時所完成的計算已經夠多，讓他有信心認為這個想法會成功。然而，證明它真正可行的研究成果，卻從未完成，但對霍金而言，他對這個答案深信不疑，因此，他不願意再花費自己在這個地球上的有限時間去對此進行補救。所以，他在都柏林會議上那段籠統含糊的演講，以及發表在該研討會論文集裡的摘要短文，就是他對這個所表達過的全部想法與意見。

霍金的這場演講以及他認輸的宣言，立刻成為全球的頭版新聞，但這僅僅是一場媒體秀，算是小題大作。在他發表這段演講時，幾乎所有物理學家都已經開始相信，這些資訊並沒有遺失，但是包括霍金本人在內，沒有任何人可以證明這一點。而對於那些尚未得出結論的人來說，也沒有人因為霍金的一席話，就開始跟著他而改變想法。

看到「標籤的力量」實在令我驚訝。在霍金成名之前，陌生人有時會根據他的外表而把他看成是一個身心都有缺陷的人，而不自覺地把視線移開。但是，一旦他被宣稱為是「現代愛因斯坦」，媒體則開始大量報導他所說過的任何事情。如果沒有他這麼一位出名的人物來參加這次的都柏林會議，那麼這將會是一場絕佳的思想漩渦，讓物理學家圍繞著這個話題進行深度討論，但是卻不會在任何報紙上出現相關報導。然而，由於有了霍金，所以這次的談話就成了一場媒體圈的「大拜拜」。

對於霍金本人來說，他的這項轉變算是一個重大時刻，甚至是一個歡樂的時刻。對於大多數人來說，自己證明自己犯了錯，大概不會成為是件值得開香檳慶祝的事，但是，就像澤爾多維奇終於弄懂了霍金輻射的感覺一樣，霍金最為關心在意的事情始終是真相，他為了解了自己原本不了解的某件事而感到高興，特別這又是一件對物理學而言非常重要的事。

今天，距離都柏林那場研討會已經十五年了，距離霍金發現霍金輻射更是超過四十年了，相信資訊會遺失的人愈來愈少了。誠如霍金所言：幾乎所有的物理學家都相信，「如果你跳入黑洞裡，你的質能（mass energy）將會回歸到我們的宇宙裡」，儘管會是以一種殘破的形式，但是仍會「包含著關於你先前狀態的資訊」。

儘管我們認為資訊不會丟失，但是仍然沒有確切的解釋可以說明實際發生的情況。除了霍金提出的方案之外，還有非常多的各式各樣理論，數量之多，讓物理學家撰寫評論文章時，已經不會列出個別理論，只會列出不同的理論類別而已，而每個類別都還包含許多不同的變體。轉換過立場的霍金所堅持的立場，與大多數人所認同的觀點一致，但未必與他最初的原始想法相同——他仍持續在研究可以得出這一結論替代性理由。雖然是斷斷續續，但是直到他過世之前，他都沒有放棄對這個問題的研究。而這也成為他最後一篇物理學術論文的主題，該論文於二〇一八年在霍金辭世之後發表。[18]

18 Haco, S., Hawking, S. W., Perry, M. J., et al. Black hole entropy and soft hair. *Journal of High Energy Physics*, (2018) 2018:98.

第十一章

為自上而下的宇宙論奮戰到最後

那是二〇一〇年的春天。從我們開始規畫《大設計》已有五年，從我們開始動筆寫它也已過了四年。在過去的這幾年，以及過去這一星期的每一天，我已經有過無數次的經驗，非常熟悉地走上「霍金的那個系」（DAMTP）裡的樓梯，轉到霍金在DAMTP的辦公室。但是今天這次不太一樣。因為今天是我們預定要完成本書的日子。

在一次又一次的延誤交稿期限之後，班坦的高層似乎已經失去耐心了。他們沒有諮詢我們，就直接安排了這本書的發布日期，而且把它放進銷售目錄裡。就像我兒子尼古拉在他媽媽的肚子裡時一樣。他似乎很享受在媽媽肚子裡的時光，即使已經遠遠超過了預產期，他還是不想出來。最後醫生終於下定決心，安排了剖腹產，並把他拉了出來。這也是班坦對我們所做的事。我們答應在一年半內完成這本書，現在已經過了四年，的確是到了該把它拉出來的時候了。

我可以理解班坦的觀點。如果我們的手稿是一個孩子，那麼它已經快要可以上幼稚園了。人類的成長是生命裡的一個奇蹟，但是在寫書這件事情上，並不存在這一類型的奇蹟。我們所寫的算是完稿了嗎？它有否充分地表達了我們的觀點？我認為的答案是肯定的，但已有些人認為我是完美主義者。然而霍金還在對這本書修修補補。他比我還更是一位完美主義者。與此同時，書籍的發布日期和相關活動都已經計畫好了，市場的行銷與公關活動的日程也都排定了。銷售代表已經開始在兜售這本書，而書店也都下了訂單。這些已經發生的事情很難再去扭轉。雖然不是透過很直接的方式，但是班坦已經算是對我們下了最後通牒，這次我們必須交稿了，「否則就會……」。

「否則就會」怎樣，我不知道。我們已經在接近完稿的階段了，然而，我完全沒有看到眼前這個截稿日期，對霍金而言具有任何意義。他似乎對於這個世界的「否則就會」已經免疫了。他從醫生、自己的身體，以及前後兩任妻子那裡，得到太多的「否則就會」了。有一次，在他剛與伊蓮分手後不久，有媒體警告說，倫敦一家著名的虎虎夜總會（Tiger Tiger）發生了炸彈恐嚇事件。不想讓身體被炸得粉碎的人，最好遠離該處。霍金得知之後竟然還前去那裡，並在該酒吧與一個女人打情罵俏。他可不是一個受到威脅就會變成懦夫的傢伙。因此，當他說他不在乎我們是否需要十年才能把這本書寫出來時，我真的有把他的話聽進去。現在，每當我回憶起他說的這段話，我的胃都會因此而打結痙攣。

霍金辦公室的門是關著的，所以我走進了茱迪絲的辦公室。

「雷納！」她大喊著：「今天是你的一個大日子！」

從我的反應，她應該可以看得出來我並沒有很期待。

「現在，不要氣餒。看你已經走得多近了！你可以做得到的。你已經快要完成了。」

「妳能幫我一個忙，把今天的人趕走嗎？不要讓他們在這裡徘徊。」

「我要守衛堡壘！」她說：「但是，當然，如果是霍金找來的人，我就無法阻止了。」

「妳會有辦法的，」我說。

茱迪絲喜歡我這麼說。她以擁有自己的方式而感到自豪。

幾分鐘後，霍金的看護凱西（Cathy）開門了。她說：「雷納，他已經準備好了。」

當我第一次向霍金建議，我們可以就他當時的研究內容一起合寫第二本書時，我心裡所想的是他在二〇〇三年發明的一個理論，稱為「自上而下的宇宙論」（top-down cosmology）。[19]經過前幾章把基礎知識介紹完之後，我們在《大設計》的第六章解釋了這個理論的精髓，這一章稱為〈選擇我們的宇宙〉。這是該書最為困難的一章，但並不是最後一章——按計畫，在它之後還有兩章——但這卻是我們最後在交稿的那一天早晨，還在努力的一章。

自上而下的宇宙論是霍金在一九八〇年代對無邊界提案的研究的延伸。這兩個理論的目標，都是希望從量子理論的觀點來研究宇宙的演化。與他資訊遺失問題上的研究一樣，它們都是依靠費曼的歷史總和法來計算量子理論所預測的結果。

正如我先前已經說過的，歷史總和法通常用於基本粒子物理學，其中的「歷史」一詞是指粒子在空間中所遵循的路徑。[19]與無邊界提案一樣，在自上而下的宇宙論中，整個宇宙所扮演的角色就是一個粒子。在較為傳統的計算中，你必須考慮所有可能出現的粒子軌跡，因此，在霍金的計算裡，他必須考慮目前這個宇宙所有可能出現過的歷史。換句話說，為了計算宇宙現在所具有的某個屬性，或那個屬性的可能性，他必須把宇宙可能演化出的所有方式全部加總起來。那是不是一種尋常的方法，與費曼最初所設想的狀況，有著很大的差異。

如果可以進行數學運算，那麼，原則上，我們對宇宙所做的任何觀察，都可透過費曼的方法而得到解釋。但是就和正常的狀況一樣，這裡的數學複雜到無法進行計算。為了使事情變得更容易管理，霍金考慮了一個經過大幅簡化的宇宙模型，該模型僅考慮了宇宙的總體結構。但這是有道理的，因為他對於預測在地球上或宇宙中的某處某個個別原子或分子的狀態，並不感興趣，他所感興趣的是宇宙的大尺度性質。

18 參見霍金所著：“Cosmology from the Top Down,” *The Davis Meeting on Cosmic Inflation*, March 22–25, 2003.

19 就技術性而言，在量子場論中，總和會大於個別的場組態。

這項「自上而下」的研究之所以會出現，是因為在普通的宇宙學中，物理學家會假設宇宙有某個起點，然後去計算宇宙從那個時間點開始之後的演化方式。霍金稱此為「自下而上的方法」。他不喜歡這種方法，因為在他早期關於無邊界提案的研究中，他就已經得出一個結論：宇宙沒有明確的單一起源。

這個結論反映了量子理論中最著名和最奇怪的一個面向：一般說來，物體沒有確定的屬性，只有會出現某個屬性的機率。例如，在某個指定的「零時」，你的「量子分身」可能會有百分之五十的機率在樓下的廚房，而另外的百分之五十是在樓上的浴室裡。我們物理學家的說法是，你的「初始狀態」既不是在廚房也不是在浴室，而是這兩種狀態的「疊加」。根據量子理論的數學運算，在那個「零時」之後，你會出現在房子裡某處的機率，會受這兩個狀態在最初時刻的疊加結果所影響。同樣，根據霍金的觀點，量子宇宙的初始狀態是由幾個不同的可能狀態所疊加而成，若想了解我們之所以存在的原因，我們就必須把這些所有的可能性都考慮進來。在霍金看來，這讓「自下而上」的方法變得難以實踐。

霍金認為，我們應該修改費曼的技術，以囊括宇宙起源的所有可能性。這意味著，在使用費曼歷史總和法時，只取決於當前的宇宙狀態。正如霍金喜歡說的，這意味著「現在決定過去」，而不是「過去決定現在」。因此，他把這個分析方法稱為「自上而下」而不是

「自下而上」。

即使霍金已經非常大規模的簡化工作，從他的分析方法而產生出來的方程式，仍然無法求解。不過，他倒是可以從預期中的解答確定一些特性，並從他的模型中推斷出一些物理意義。他對自己從中發現的許多事物感到著迷。如果他的觀點是正確的，那就意味著有無限多個宇宙是自發地出現，也就是說多元宇宙是無中生有的，而它們有著各自不同的未來在等著它們。這麼多個宇宙的總集，就類似於費曼理論中所出現的不同粒子路徑。在任何特定的宇宙中所觀察到的自然定律，將取決於那個宇宙的歷史。將有非常多個宇宙，具有各式各樣可能出現的物理定律，其中某個宇宙，它的質子質量可能跟磚頭一樣，或者具有很大的重力，使得一般典型的的恆星會在（我們的）一年內就燃燒殆盡。

霍金理論的數學表明，在早期，大多數的宇宙都會膨脹，但膨脹只會持續很短的時間。在那之後，很多宇宙就會崩塌回到它們最初所來的地方——極高密度的熾熱火球。對這些宇宙而言，它們沒有足夠的時間去形成星系和恆星。但是，另外有些別的宇宙，它們剛好具有正確的物理定律，會持續膨脹，而變大到不會發生崩塌。

而這些不會發生坍塌的宇宙中，有一些可以孕育出生命，而在這些可以孕育出生命的宇宙中，有些真的會出現生命。在這些宇宙中出現的生物，如果足夠聰明，那麼它們就能破譯出自然法則，而發現這些法則具有一個非常特殊的形式，一個可以讓它們存在的特殊形式。我們就是那種特殊類型的生物，並存在那種特殊類型的宇宙裡。這就是我們希望在《大設計》中所要表達的主旨。

霍金的生涯，在發現了大霹靂的奇異點特性、黑洞物理學定律，以及黑洞蒸發定律（其中包括引發資訊遺失等問題）之後，無邊界提案和自上而下的宇宙論，算是他最後的兩個重大倡議。它們也是他影響力最小的兩個理論。在物理學前端做研究工作的常態就是這樣：有些同行對他所做的假設持懷疑態度，有些人不同意他所採用的數學近似模型，有些人則是不了解他的理論，也有些人則是直接去尋找更具說服力的替代理論。

時至今日，關於他的這兩項倡議，在物理學界還沒有定論。霍金認為，宇宙微波背景輻射的分析結果可能會提供佐證，然而，這個分析方法所需要的技術，目前尚未問世。因此，就像現代宇宙學中的大多數理論一樣，無邊界提案和自上而下的宇宙學，在數學上是很有趣的理論，但卻難以驗證。

也許我和霍金都是草包

多數的時候，霍金在每天早晨抵達辦公室之後，都會從回覆幾封電子郵件開始，接著會從 arXiv.org 網站上發布的文章，挑幾篇感興趣的來看。那是一個存放物理學、天文學和數學論文的資料庫。這些領域的科學家，通常會在把研究論文提交給學術期刊的同時，也在此發布他們的研究結果。一般可能需要幾個月的時間，才能在期刊上看到他們發表的文章，而 arXiv 上的論文算是一種預覽。但另一方面，arXiv 不對文章進行任何編輯，僅有一些粗略的過濾機制。你在此處所看到的內容，大都需要做些修改。它甚至也未必能保證文章將會被接受與發表。這是讀者自己要留意的地方，但霍金幾乎每天都要來這裡檢查一下。

然而，在這個理論上的最後一天，霍金犧牲了午餐前的休息時間，而且我們比以往更早開始工作。快到中午的時候，我意識到，我們很快就會有那一個半小時的休息時間，所以我急著要結束我們對第六章的討論。我希望在午餐後，我們可以討論其他問題。如果我們不這樣做，我擔心〈選擇我們的宇宙〉這章將會吞噬我們整個下午的宇宙。

今天是星期五。我們的正式截稿時間是晚上八點；劍橋時間。這相當於紐約的下午三點。我很高興這個最後期限不是在更早的時間，但是下午三點似乎是一個奇怪的選擇。我想像著，像從電影裡看到的那種老式的新聞編輯部門，成群的班坦員工在那裡等我們，「緊抓著印刷機」一直到最後的瞬間，從那一刻起，印刷機開始嘩啦嘩啦的打印，他們將印刷出一百萬份報紙，然後火速把它們趕到各個報攤。那雖然不是真正在進行的事情，但是感覺就像是那樣。

在我們最後的會議上，負責編輯這本書的貝絲（Beth Rashbaum）要求我們解決的問題中，有一個簡單的補充，是希望稍微介紹費曼。她是我們的「古札爾迪」，在讓我們理解非科學家對我們的文章所持的觀點上，她提供了巨大幫助。由於霍金和我都認識費曼，而且費曼在我們的書裡占有很重要的分量，因此，她認為，在我們第一次提到費曼時，應該多說幾句介紹他的話。我向霍金提出了一些建議，內容是關於費曼的研究成果，對物理學的許多領域所造成的廣泛而深遠的影響，亦即費曼對整個物理學領域的熱愛，而不僅僅是他那吸引大多數人的個性魅力。

對此，霍金「面無表情」，並開始打字，表達他自己對費曼的看法。他說：「讓我們說：他是一個豐富多彩的人，喜歡在加州理工學院附近的脫衣舞廳裡演奏邦加鼓。」他面帶微笑地聽著他的電腦說出這段話。

我不得不承認，他用幾句話就抓住了費曼的性格。這不是我們正常會用來描述費曼的話，但是它，簡短、甜美又真實，充分顯示老式霍金的幽默。我認為這（幾乎）是一首俳句詩：

他是一個豐富多彩的人物
喜歡在加州理工附近的脫衣舞廳裡
演奏邦加鼓

我們的書裡，包含了大量關於費曼研究物理學的方法，對於一般的讀者而言，這些訊息具有相當的難度，所以，為何我們不先把他變得「人性化」一些，以使讀者在讀到那些艱澀的內容之前，可以先解除他們的武裝？「好的，」我說：「就讓我們這麼說吧。」因此，我們真的用了這個說法，當然有稍事編輯。

就在此時，一位三十多歲、高個子、健壯的女人走了進來。她的名字叫戴安娜（Diana），曾是霍金的一位看護。她是那天唯一突破茱迪絲防線的人。她手裡拿著一本她正在讀給霍金聽的書：狄更斯的《雙城記》。我認為這本書很合適，因為對霍金來說，似乎最好的時光和最糟糕的時光都不會遙不可及。霍金一直都很喜歡看書。他在書堆中長大，家中不僅四處都是散落的書籍，整個屋子也都是塞滿了書的書架。即使當他有朋友過來一起吃晚飯時，他的父母也會在餐桌上一邊吃飯一邊看書。現在，霍金正要開始模仿他的父母。戴安娜說：「如果您不介意的話，我會在午餐時念書給霍金聽。」她如此事先徵詢我的意見，固然很好，但是無論我說什麼，都不會有任何改變。霍金的表情顯示出，他喜歡她的提議。我並不介意，因為，反正在吃飯的時候，本來就很難與他溝通。

戴安娜經常念書給霍金聽，有時甚至一次會讀好幾個小時。他特別喜歡經典小說。多年後，當他的健康狀況開始惡化，遇到該如何選擇下一本書時，有人建議霍金只要選一些較短的書就好。霍金選擇的是《戰爭與和平》。

在戴安娜來到研究室之後，我心裡希望可以稍微晚一點吃午餐的願望破滅了。凱西推著霍金的輪椅離開書桌，然後我們四個人離開他的研究室，朝著大廳走去，走往自助餐廳所在的另一棟建築物。在我們走進連接這兩棟建築的步行天橋之前，凱西看了戴安娜一眼。起初我有些困惑，但是稍後我就理解了。戴安娜接手了霍金和輪椅，推著她走進自助餐廳。凱西則留在外面，從錢包裡抽出一包菸。

我跟凱西一起留在外面，並向她討了一根菸。我們一起點了菸，剛好站在一個禁止吸菸的標示牌旁邊，不過我們是在室外，所以，我心想：去他的標示牌！

「我討厭香菸，」我說。

「誰不是呢？」凱西也表示同意，但同時深吸了一口菸。

「不，真的。」我說：「在和霍金開始合寫這本書之前，我從來都不抽菸。」

她說：「在某件事之前，我也是從不抽菸的。」我看著她，不確定她的意思是什麼。

她又深吸了一口菸，聳聳肩。「你並不孤單，」她告訴我：「霍金可以對人產生那個影響。」

我們沉默著一起抽了幾分鐘的菸。然後她說：「我們最好去拯救戴安娜吧！」

「戴安娜需要被拯救嗎？」我問。

她說：「事實上，她很高興能和霍金單獨相處一段時間。人們不會經常讓霍金一個人獨處。但是他會帶著戴安娜。有一些看護會嫉妒，但我不會。他很寂寞。人們認為他所需要的只是物理學，但這是傻話。他很幸運可以有她在一起。」

我也有這種感覺。在我看來，霍金在與伊蓮分手之後，變得不太一樣。當他和珍分手時，那是因為他們漸行漸遠。她遇到了另一個人，而他也遇到了伊蓮。儘管他們試圖把自己綁成一個複雜的「四人組」：在婚姻的宣告上是一對，而他們的內心卻各自決定了另一對。就像當分子間的某個鍵結薄弱，會造成它分裂成兩個較小的分子一樣，所以他們很自然地分開了。霍金與伊蓮的分手是另一種狀況：他沒有新的伴侶就與伊蓮分手了。他變成了一個單一的原子，不受任何羈絆地漂浮在寂寞的太空真空之中。

俗話說「到處都有水，就是沒有一滴能喝的」(Water, water, everywhere, but not a drop to drink)，這就是在伊蓮離開後，霍金生活的最佳寫照。他身旁有看護，到處都是看護；他身旁也有同事、粉絲和媒體，但是這些都沒辦法提供給他那份親密的感覺。他最好的朋友索恩和羅伯特都不住在英國。他沒辦法像我們一樣，拿起話筒就撥電話給好朋友，想聊多久就聊多久。這讓霍金的每一天、每一晚，都沒有人可以跟他分享生活瑣事，沒有人可以說說心事，也沒有人可以好好陪他。在我看來，當一個人在出名之後，便很難找到新的真實的人際關係，而他的情況，想必是更加艱難。他偶爾還是會再和伊蓮碰面，甚至一起共度了幾個假期。有傳言說，他曾經希望和伊蓮重修舊好。但在那之後，他遇到了戴安娜。

就像伊蓮一樣，戴安娜也是從擔任他的看護開始的。在她擔任看護之後，她有找了另外一份工作，不過薪水不高，所以霍金允許她搬進家裡，住在樓上的一間臥室裡。他們分享著對文學和音樂的熱愛。無論他想要聽什麼，她都會讀給他聽，而且她是一位很不錯的鋼琴家。他買了一架鋼琴給她，而她則以很長的獨奏會作為回報。

當我們走進自助餐廳時，我看到戴安娜和霍金在遠離拿取食物動線的另一端。這裡的空間很大，有很多窗戶，長度比寬度要長很多。它也有相當的高度，像肋骨一般的天花板，從側面的牆壁向上彎曲到天花板的中心，大約有二十英尺長。這座餐廳給我的感覺，既像是星際飛船「企業號」，也像是一艘羅馬軍艦。我只挑選了一個三明治，凱西還在整理她為霍金帶來的食物，而戴安娜正在念書給他聽。

霍金的孩子都不太接受戴安娜。她比霍金小三十九歲，患有躁鬱症。但是，如果說戴安娜是個麻煩人物，霍金似乎對此不以為意。或許他已經習慣這些事了。以伊蓮為例，他曾經說過：「她很迷茫。不過，那是我該幫助別人的時刻。在我所有成年之後的生活，全都是活在別人的幫助底下。」他特別喜歡有麻煩的女人嗎？我不確定。我認為戴安娜很聰明，也飽讀詩書。跟她聊天的感覺不錯，每次都能讓我學到一些東西。但是，那是在她有按時服藥的時候。

有些人懷疑戴安娜的目的只是為了霍金的錢。如果人們認為，霍金所能提供的全部就只有錢，這樣的想法讓我覺得很難過。我知道人們會有這樣的想法，就像有些人有理由去質疑伊蓮對霍金的愛一樣。霍金的身體狀況的確是沒有太大的吸引力。但是，肉體上的欲望可以產生愛，或者倒過來說，它也可以是愛的結果。戴安娜和霍金之間可能就是這樣。當然會有人對此表示懷疑。一個人可以愛上一個不能移動或不能說話的人嗎？這樣的愛情將會如何發展？

在我看來，戴安娜在霍金那裡，找到了與他的一個深厚的連結，那不是透過他的身體，而是透過他的靈魂。「他擁有世界上最能表情達意的臉部表情，」她曾經這麼告訴我：「眉毛在這裡動動，嘴角在那裡抽動一下——我非常了解他，我可以跟得上他的想法。關於如何與霍金交流這件事，我就可以寫出一整本書。」

當她說著這些事情的時候，我可以感受到戴安娜隱含在聲音裡的情意。在另一個場合，她告訴我，她希望自己可以和他交換：她希望能把自己的健康送給他作為禮物，她願意代替他成為那個四肢癱瘓的人。她在說這些感覺的時候，眼睛是含著淚水的。我相信她說的是真的。也許我是一個草包。說不定霍金也是！就像在幾十年前的華沙會議上，被費曼鄙視的那群研究重力的人一樣。也許你必須是一個草包，才會去關心「移除宇宙起源」那種極其久遠之前的事情，或者去與一個難以捉摸卻又願意奉獻於你的女人建立關係。

衝刺截稿期限

午餐後，我們回到霍金的辦公室，工作進展緩慢。霍金在這裡、那裡，在書中四處進行了無數次的小更動，整個過程，枯燥乏味。其中有些與書裡的插圖有關。為此，我之前聘請了一位「未來主義」的數位藝術家博林格（Peter Bollinger）。本來，霍金和我都認為他做得很好。但是現在，霍金卻要求要更改一些顏色，並改寫一些標題。

在我看來，就這本書的品質而言，最後的這些改動並沒有明顯的改善，也沒有什麼損害。它們就只是一些改變。在大多數情況下，我都沒有異議，我也不介意去做這些改動。但在另一方面，我擔心我們會「漸近地」接近終點線。這是一個數學術語，意味著當你愈來愈接近某個數值，但卻永遠無法等於它；至少在有限的時間內，「等於」是不會發生的。好比說，你每一秒移動的距離，都是原本與終點距離的一半，那麼就會「漸近地」接近終點。這在數學的世界裡，沒什麼問題。但在商業的世界中，事情並不會這麼順利。

我並不是認為這本書是完美的。它是我們的思想和觀念的一個反思，而這無疑會為後續的辯論留下空間。特別是，有一件我們無法迴避的事實：我們所寫的是一個仍在進行中的理論。這意味著，該理論有某些方面，甚至連霍金本人都不了解。曾有一次，我開車去加州大學聖塔芭芭拉分校，去找常與霍金合作的哈妥，希望釐清幾個觀念。他是與霍金一起研究自上而下的宇宙論的專家。他就他們研究的相關部分，專門給了我一個私人的小型研討會，然後我就這些相關問題寫了篇文章。待我下一趟去劍橋時，霍金告訴我，我所寫的東西是錯誤的。但是，我確定我了解哈妥所講授的內容，所以堅不認錯。我開始向霍金解釋我的理由，但他給了我一個鬼臉，然後開始打字回覆我。「哈妥告訴你的，是我們當時的想法，」他說。「但在那之後，我們意識到我們錯了。」

我們的午餐似乎使霍金感到精力充沛，我們整個下午都沒休息，專心地潤稿與改寫，只有在平時的休息時間，才停下喝茶與補充維他命、香蕉泥，然後讓霍金「上沙發」休息一下。很快就下午五點了。我提了一下時間。霍金皺了皺眉。他不想討論它。然後六點鐘，七點鐘。就像過去的四年一樣，我們正在緩慢、穩定、按部就班地工作著，就好像今天和下一個小時，和往常一樣，沒有什麼特別的。

七點四十五分，我放棄了！我走進隔壁的茱迪絲辦公室。她似乎正在為霍金處理一些財務文件。這也在她的業務範圍內。她甚至會幫霍金去談判合約與管理投資。我會知道這一點，是因為她有時會來尋求我的建議。

茱迪絲把文件放在一旁，並很技巧地拿一個文件夾放在上面，來擋住我的目光。這有道理，但沒關係。霍金的隱私不多，他身旁的看護和助手既好奇又八卦，所以這四年下來，我認為，我對他的財務狀況比對我自己的還更為了解。不過，只要我不破產，我也不會太在意這些。

「雷納！」茱迪絲最後熱情地說。片刻之後，我的表情告訴她，她的熱情放錯了地方。

「進展不順利？」她問。

「猜得好！」我說。

我看起來一定是心煩意亂的樣子，就像在斐濟接受她藝術治療的那位患者，終於討論到他父親的話題那樣。他砍了他父親的頭。

「對不起，」茱迪絲說。「我知道這最後的截稿期限有多麼重要。我真的以為你們可以寫完它。」

我很確定，我做了另外一個表情，並且，我也確定，它不是個漂亮的表情。我請她幫忙延長我在凱斯學院裡的住宿日期，並推遲我的航班。我開始在心裡盤算著，如果我不能按照計畫的時間回家，會有哪些需要重新安排的事情。我也考慮了班坦會有的反應。我擔心即將會發生的衝突。我原訂是在隔天星期六下午離開的。我原以為我們會完工的，但是我現在卻很懊惱地想知道，我怎麼會如此愚蠢的樂觀。我把這些麻煩都留給了她，然後走回霍金的辦公室。

當我走進去時，霍金提出了一個有關插圖的新問題。書裡有個插圖是三聯畫，旨在描繪弦理論／M理論所提出的一個想法。這個三聯畫中的每一幅，都是一杯裝有未來派風格混有藍色的粉紅色飲料，在玻璃杯中還放置了一根吸管。左側這一幅是從近處的特寫；中間則是稍遠一些的正常距離來看；最右邊這幅，則是從遠處來拍攝。在右邊這種情況下，吸管看起來像一條線，而不像在其他兩幅畫面中所顯現的那樣，是個空心的圓柱。這個想法是想表示，如果從遠處觀察，類似吸管這樣的高維度物體，可能看起來就像是個一維的物體，也就是一條線。

霍金似乎對這個插圖有意見。我試著用「二十道是非題」的問法來猜測他的想法，但沒能成功。他制止我繼續問下去，然後開始打字。那時是七點五十九分。我考慮過，我喜歡這幅三聯畫。它以簡單的方式提出了重要的技術性要點。我無法想像他會提出什麼樣的反對意見。終於他打完字了，他的電腦發出了抱怨聲。他說：「最右邊那幅的吸管太長了。」

我感覺我的頭頂開始冒煙了。我也覺得我想哭。我在霍金的桌子上看到了他所說的插圖，但是我卻看不到他所說的問題。他一定是憑著回憶在說話。我從公文包裡翻出了已經校稿過的插圖，並找到了他覺得有問題的那一幅。他是對的！在最右邊這幅，如果你仔細去比較吸管的長度和玻璃杯的高度，你真的會發現吸管的長度過長。我之前看了十幾遍，卻沒有注意到這個問題。就在那個瞬間，我討厭霍金。他到底怎麼搞的？誰會去注意這種東西？

我試圖讓自己平靜下來。我深深吸了一口氣，也把要告訴插畫家關於吸管的問題，用筆記了下來。我對霍金說：「好，下一個問題？」我試著不要把緊繃的情緒加到我的聲音裡。他皺了皺眉。他皺著眉頭是什麼意思？我不知道。他開始打字。

「現在是八點，」他說：「我們收工了。」

我沒看到時鐘上所顯示的時間。我不自覺地嘮嘮叨叨說了幾句話，而且我不知道自己在說些什麼。但是霍金的回應，我倒是記得很清楚。

「我需要嚴格的期限，」他說：「否則我永遠都做不完。」

他露出燦爛的笑容。我凝視他。我想我應該說些什麼來回應他，但是我卻一個字都說不出來。他一直在打字。

「這本書很好，」他說：「感謝您與我一起合寫這本書。一起吃晚飯吧！」

曾經的親密終歸平淡

我們回到霍金的家時，晚餐還沒煮好，爐子上還有東西正在燉，或是在煮其他的東西。當他的看護正在準備晚餐的時候，戴安娜在鋼琴上彈奏某首古典樂曲，霍金坐在附近，享受著琴音。我聽不出來這是哪首曲子，但是我記得酒櫃在哪裡。我走到酒櫃那裡，掏出一瓶未開封的白蘭地。酒櫃裡沒有什麼烈酒。我從未見過霍金喝過烈酒。但是那裡卻有干邑白蘭地。我猜，跟那些葡萄酒一樣，都是大家送的禮物。

我不想打擾正在享受音樂的霍金，所以我自作主張，自己就把酒打開了。我從餐桌上拿了一個酒杯，給自己倒了一小杯，就像你平常在倒白蘭地那樣。後來我念頭一轉，就順其自然，多倒一點吧。既然這是一個紅酒杯，所以為什麼我不要像倒紅酒一樣，把杯子裝滿呢？我沒有去問霍金是否想要喝一點。我知道他不會想，因為我知道他其實是不喝烈酒的人。然後我把椅子移到他旁邊，也坐到鋼琴的附近。

戴安娜全神貫注地演奏著。她的琴音輕柔，但在適當的地方，她也能演奏出充滿激情、甚至是憤怒的音符。她真的可以在該生氣的地方，連續轟擊鋼琴。忽然間，她彈錯了一個音，但她還是把整個曲子彈完。霍金曾經對她說過：「比起從收音機裡聽到的完美演奏，我更喜歡聽到妳有彈錯音符的曲子。」他的意思可能是說，他比較喜歡現場演奏的聲音，而不是那些由昂貴的喇叭所發出來的聲音。但我的理解卻是，那是他對愛情的宣言。霍金曾經愛過珍，也曾愛過伊蓮。儘管他在物理學裡很有見地，但他可能完全不知道在那些愛情裡發生了什麼事。那份愛還在那兒嗎？或是換到別的地方了？還是蒸發了？思考這些問題，可能會讓你變得玩世不恭，然而，霍金卻不像是這樣。他似乎第三次戀愛了。

看著戴安娜凝視霍金的眼神，對我來說很清楚，那份愛是相互的，而且她是出於正確的原因而愛他。霍金似乎也有相同的感覺。戴安娜有時是個麻煩纏身的女人，但是住在霍金家的那段歲月裡，她的狀況一直很好。霍金知道她有心理健康的問題，但是，就像她接受他一樣，他也接受了她。起初她是照顧霍金的人，但她覺得，他也是照顧她的人。她喜歡他要求她去握住他的手、去親吻他的臉頰，或是和他一起躺在床上的方式。她喜歡和他一起去美容院做頭髮。她喜歡帶他去溫波爾家庭農場（Wimpole Home Fram），一起看豬被餵食。他不僅對宇宙學著迷，也對豬感到著迷。戴安娜認為他的祖先有可能是養豬戶。然而，她應該要知道：這個時刻的霍金，認識他的人不僅僅只有她，每個人都知道霍金是誰。

我快喝完我的酒了。干邑白蘭地令人感到溫暖和舒緩。我喜歡它強烈又圓潤的口感。我喜歡自己在霍金的家感到舒服的那種感覺。我喜歡我在這個房間裡所感受到的愛。我喜歡我現在短時間內不必再去任何地方的感覺，尤其是現在，想走一小步都是一個挑戰。最重要的是，我喜歡我們終於完成了這本書。

但是，即使是最快樂的感覺也有另外一面。當我看著陶醉在音樂裡的霍金時，我知道，這將是我生命的一個紀元的結束，在接下來的幾年，我將不會再這麼經常地看到他。霍金和我已經變得越來越親密了，然而，什麼時候我們的人生旅途才會再次出現交叉呢？經過這麼多年在「壕溝」裡共同作戰，合寫了兩本書，彼此爭論、合作，一起吃飯，分享想法，我們之間的這些連結，會不會也像他的前妻那樣逐漸褪色而淡去？他每年都會來加州理工學院一次，而我，也許只有在月亮變成藍色的時候，才會難得地發現自己竟然又在英格蘭這裡出現。然而，與過去這幾年頻繁的接觸與往來相比，未來我與霍金之間的關係，似乎就是會逐漸變得如此的黯淡無光。

想到這些，讓我現在覺得很難過。完稿時的那份興高采烈怎麼會如此短暫？瞬間就消失得無影無蹤。我感覺我好像需要再喝一杯，但飯桌卻似乎太遙遠了，讓人無法成行。我決定安坐下來，跟霍金一起專心享受戴安娜的音樂。我真希望我當時有問她，她彈的是哪一首曲子。

後記

班坦於二〇一〇年九月出版了《大設計》。我們的插畫家根本沒有修改過吸管的長度，但這並未造成任何影響。九月二日早上，在我帶女兒奧利維亞（Olivia）去上學的途中，手機忽然響了。是茱迪絲打來的，她很激動。「雷納！」她在電話那頭大喊著：「我們需要你的幫助！」我一頭霧水，不知道她在說些什麼。

「你沒看到報紙嗎？」她問。

「《紐約時報》（*The New York Times*）？」我說。是的，我看過報紙了。

「不是《紐約時報》。」她喊道：「是倫敦的《泰晤士報》（*The Times*）！你沒看到嗎？」

「茱迪絲，有誰會在這裡看倫敦的《泰晤士報》？」我問她。

「好吧，Google搜索一下標題！上面寫著『霍金：上帝沒有創造宇宙』，它引起了眾怒！」

我說：「這寫錯了吧。我們說的是：上帝不是創造宇宙的必要條件，這並不是說物理學證明了祂沒有創造宇宙。」

「不管了，現在媒體快把我們擠爆了，而霍金沒辦法處理這些事。我們需要你的幫忙！你得接受採訪。」

一切就這樣開始了。我們知道這本書會引起注意，但我們不知道這個注意的程度會有多大。但你知道，當ESPN和《男性健康》(*Men's Health*)雜誌開始談論一本物理書籍時，就表示這本書已經深入人群裡了。

《大設計》顯然吸引了人們的想像力，但是儘管大多數的反應是正面的，但在某些領域，我們還是受到了強烈譴責。我們對「創造」的觀點，顯然是引起這些攻擊的主因，其中有些甚至是人身攻擊。那些對霍金到底是什麼樣子一無所知的人，自以為他們能理解他的動機。霍金被指控為企圖利用他的殘疾來行銷，並試圖透過攻擊上帝來獲利。對這些批評，霍金只是微笑以對。我想，在惱人程度的評分表上，從一分開始，一直到「脖子以下全癱」都有，這種帶有偏見的人身攻擊，得分都不會太高。

與戴安娜的親密關係

二〇一三年，霍金向戴安娜求婚。在那之前，她早就從他的房子搬出來了，但他們還是像以往一樣保持著親密關係。求婚是在某一天的晚餐之後提出來的。霍金從說「我無法單膝下跪」開始，然後表白對她的愛意，並問她是否願意成為他的妻子。那晚過後不久，在戴安娜的生日那天，他們去了一家珠寶店，兩人一起挑選了一枚戒指，之後再到餐廳慶祝晚餐。

然而，他們卻從未完婚。霍金渴望能擁有戴安娜的陪伴，但他更希望家人之間可以保有和睦的關係，也許是因為他的孩子們仍然無法放下先前對戴安娜的一些顧慮，或是他們更擔心她背後的動機其實是金錢。雖然，我能理解他們是基於對霍金的關愛，但是我並不同意他們的這種看法。

當霍金與伊蓮結婚時，他的三個小孩，只有他的兒子羅伯特（住在西雅圖）參加了婚禮。而在他們還是夫妻的那些年，伊蓮和他的另外兩個孩子（他們兩個都住在附近）之間的關係，一直處於緊張狀態。這份緊張關係有時會讓家庭聚會的氣氛變得很尷尬，伊蓮和霍金對此都覺得不愉快。霍金不想再次經歷相同的事情，所以他放棄了與戴安娜結婚的想法。儘管她對此覺得很沮喪，但他們仍然是親密的好朋友。他希望她能留下那枚戒指。而她到現在也都還留著它。

霍金的最愛

隨著時間消逝，這本書所產生的騷動逐漸平息了。所以，唉！我與霍金之間的聯繫，也正如我所擔心的，隨著時光飛逝，也愈來愈難以維持。他的電腦助手山姆離職換了別的工作。照顧他最久、最忠實的看護瓊過世了。茱迪絲退休了。我不認識霍金的新私人助理，所以很多消息與交流的重要管道都消失了。霍金和我偶爾會發電子郵件聯絡，但是，有幾次我去英格蘭的時候，他碰巧不在那裡。因此，我只有在他每年來加州理工學院訪問研究的時候，才有機會看到他。但是在二〇一三年以後，由於他的健康狀況變差，所以這些機會也消失了。

我最後一次看到霍金，是他來加州訪問研究，住在帕薩迪納的房子的時候，那天有他、索恩還有其他一些來來去去的人，我們一起度過了一個星期天。其中一位是前太空人艾德林（Buzz Aldrin），他是第二個踏上月球、在月球上漫步的人。那是一個很悠閒的下午，只有簡單的食物，卻聊了很多。在那時，霍金的通訊速度已經下降到每分鐘不到一個字。因此，即使是個很簡單的句子，在那時，也得等個五到十分鐘才能聽到他的回答。但是霍金仍然可以微笑，以及用鬼臉來咆哮。因此，在我們相聚的最後那個下午，我們大多數的談話，就像是一場大型的「二十道是非題」競賽。但也不全然是只有這樣的問答而已。其中有一段，我們（主要是我）一起在追憶合寫《大設計》時的那段時光。我忽然好奇，在他的職業生涯裡，他的許多發現、成就和創造中，哪一個才是他的最愛？等了幾分鐘之後，這個答案才出現。他說的是「我的孩子們」。

期待再相見

當新聞快訊出現「英國物理學家霍金驚傳去世」時，我正盯著電腦螢幕。他於二〇一八年三月十四日在華茲華斯路的家中去世。此時，離我上次見到他已經過了四年多。索恩最後一次和他見面是在去年的十一月，羅伯特則是去年的十二月。他說，儘管霍金看起來似乎並沒有生病，但他彷彿正預期著死亡的到來。他聘用了一名律師來安排他的事務。

我原本希望會在霍金的葬禮上見到戴安娜，但是她當時並不在場。事實是，她根本就沒有被列在家庭的來賓名單上。幾個月之後，在安葬霍金骨灰的葬禮上，也沒有看到她。但是，她其實一早就到了西敏寺（Westminster Abbey），也就是霍金將要長眠的地方。她很早就到了教堂那裡，並參加了七點三十分的早晨彌撒。像往常一樣，那是一次公共活動，吸引了數十位虔誠的教友參加。幾個小時後，就是霍金骨灰的安葬典禮，屆時將會有一千多人參加，而且到時候，就會有警衛、武裝警察和各種不同的行政人員來過濾訪客名單，讓應邀者可以進來，而把未受邀請的人留在門外。

這一次，戴安娜還是不在受邀名單上，因此她被擋在門外。她向其中一位行政人員申訴，但被拒絕。他說：「我們必須保持典禮莊嚴肅穆。」所以，她只能和一般群眾一起站在教堂外面。她覺得自己像是要被這群陌生的人海所淹沒，這些人，沒有人曾經用好幾個小時的時間念書給霍金聽，沒有人擦過他額頭上的汗水，沒有人戴過他送的訂婚戒指，或是跟他躺在同一張床上，並把他擁在自己的懷裡。當她豎著耳朵在聽從教堂裡傳出來典禮的聲音時，她除了覺得悲傷之外，也強烈地萌生自己遭到拒絕的孤寂感。

安葬典禮結束之後，人群逐漸散去，但戴安娜還在附近徘徊。霍金的朋友圖羅克在走出教堂時看到她。他走近她，為她作證，然後和她一起走回教堂裡。當她向霍金做最後的告別時，她哭了。

與霍金其她的愛人一樣，戴安娜也是一位信仰虔誠的女人。他曾經對她說過：「宗教是給那些害怕黑暗的人的。」他不是要冒犯她。他只是淘氣的惡作劇而已。她回答說，每個人都害怕黑暗。他接受了這個說法，至少這是很好的「近似值」。當他去世時，她從自己的信仰中得到安慰。她說：「我必須相信，我還會再見到他。」「我不敢相信宇宙之外什麼都沒有。宇宙絕對不會如此殘酷。無論將來是在何處，我都期待著能再次與他相聚的那一刻。」

信念是最佳的武器

人們有時會問我，霍金怎麼能夠贏得這場「戰爭」，一場持續這麼多年、持續籠罩在死亡威脅裡、讓人不禁會感到絕望的戰爭。我的回答是：信念是他最佳的武器。他也許不是信仰上帝，但是他相信自己。他相信，在每晚上床睡覺的時候，他相信自己會在隔天早晨醒來。他相信，當他必須住院的時候，他會康復著走出來；而且他還不顧醫生的禁令，仍然去環遊世界並且活了下來。他相信，那些愛他的人是愛他這個人，而不是因為他的金錢或名聲而討好他。他相信，比起他每晚都必須忍受無法休息以及讓人痛苦的睡眠，還有必須讓人用湯匙餵食與洗澡的屈辱等等，他所努力延續的生命，在白天所得到的獎賞，會多過於在夜晚時所受到的折磨。

霍金去世後，我整理了我和他相處時的一些東西，包括舊的筆記，我列印出來的初稿，以及霍金在上面批註的意見等等。我再次看到，我那次因病住院，差點喪命時，他所寄給我的康復卡。我憶起了他對我的關心，還有，光是想到他如何經常地遭受到類似的死亡風暴，我就能感受到他的力量。

我想念霍金。我們在一起經歷了很多事情，而這些，都是讓我變成一個更好的人的養分。我從未和他談論過他的人生哲學。但是認識他，和他分享了一部分的生活，讓我對自己的希望與夢想有了更強的信念，也對自己去實現這些希望與夢想的能力更有信心；儘管我在未來的人生旅途中，和每個人一樣，都會遇到一些無法避免的艱難險阻。通常，我們限制自己成功的機會，是透過降低心中的目標來達成。然而，霍金從來都不會這樣做。就算他只是每天例常地出現在辦公室裡，對我而言，就已經是一個了不起的榜樣了。這讓我面對自己生活中的問題變得更能寬容，也讓我更懂得去感謝生活中所有美好的事物；無論是多麼微小的事！

我們會逐漸習慣很多事情，而且，我們絕對有能力去達成比我們內心所想的成就還要大的夢想。在與霍金認識與相處的過程中，我逐漸理解到，我們不需要等到有個重大疾病來激發我們，才知道要去充分利用在這世上走一遭的時間。因此，我會繼續從事物理研究和寫我的書。

對於那些知道霍金的一般大眾來說，看起來，他能活著，似乎就像是要攀登聖母峰那樣地困難。然而，在我認識他之後，我驚訝地發現到，其實，他就是聖母峰：一個堅不可摧的巨人，不會隨著時間的流逝而變化，而且能夠承受得住大自然裡最猛烈的風暴的摧殘。

我知道人終將一死，沒有人可以戰勝時間。然而，綜觀霍金一生所展現出來的力量，讓我感覺到，他有能力去控制他的死亡的時機。聽到霍金逝世的消息，我忍不住還是認為，死亡並沒有戰勝霍金，相反地，他只是決定不再抵抗它的襲擊而已。他已經做得夠好了，也看得夠多了，他已經活過了一個充滿好友、孩子、愛與物理的美好人生。他找到了自己生命中的意義，所以即使自己生活在痛苦之中，而這份意義仍啟發了他去幫助有類似需求的人。因此，在最後，他做了他的告別——當他的疾病再次降臨時，他決定放下雙臂，安息。

資料出處

這本書，主要是我根據自己的經歷而寫的。此外，我也與十五位霍金的好友、看護和同事進行了訪談，訪談時間從九十分鐘到八小時不等：山姆（Sam Blackburn）、卡爾（Bernard Carr）、茱迪絲（Judith Croasdell）、羅伯特（Robert Donovan）、戴安娜（Diana Finn）、古札爾迪（Peter Guzzardi）、哈妥（James Hartle）、伊蓮（Elaine Hawking）、佩奇（Don Page）、里斯（Martin Rees）、薇薇安（Vivian Richer）、塞勒（Erhard Seiler）、索恩（Kip Thorne）、圖羅克（Neil Turok），以及拉德卡（Radka Visnakova）。

我還從兩本傳記中獲得了相關的背景資料：弗格森（Kitty Ferguson）著，《史蒂芬・霍金：他的生活和工作》（*Stephen Hawking: His Life and Work*, London: Transworld, 2011）。懷特（Michael White）和格里賓（John Gribbin）合著，《史蒂芬・霍金：科學中的生命》

（*Stephen Hawking: A Life in Science*, New York, Pegasus, 2016）。此外，關於霍金在一九七〇和八〇年代的生活細節，我參閱了珍（Jane Hawking）所寫的《霍金：前妻回憶錄》（*Music to Move the Stars: A Life with Stephen*, London: Pan, 2000）和索恩（Kip Thorne）的《黑洞與時間扭曲》（*Black Holes and Time Warps*, New York: Norton, 1994）。最後，我還從底下的文章中搜集到一些傳聞的細節：艾布拉姆森（David H. Abramson）著，〈拯救史蒂芬·霍金〉（Saving Stephen Hawking, *Harvard Magazine*, May 9, 2018）；巴赫拉赫（Judy Bachrach）著，〈美麗的心靈，醜陋的可能性〉（A Beautiful Mind, an Ugly Possibility, *Vanity Fair*, June 2004）；卡爾（Bernard Carr）著，〈史蒂芬：霍金：一個奇異朋友的回憶〉（Stephen Hawking: Recollections of a Singular Friend, *Paradigm Explorer*, January 2018, 9–13）。通常，這些資料，我僅用來作為背景資料、查找事實，以及引用霍金所說過的話。

致謝

在霍金去世前後的那幾年，我不假思索地拒絕了所有邀我去撰寫他的傳記的提案。關於他的報導很多，我不想再去重複那些大家都已經知道的事情。然而有一天，我的經紀人蘇珊（Susan Ginsburg）告訴我，我的編輯愛德華（Edward Kastenmeier）希望和我討論這個問題。我已經拒絕了其他出版商的邀請，心裡也計畫要拒絕這個邀約，但是當愛德華打電話來時，他竟然是問我，是否有興趣寫「回憶錄」？這個說法讓我感到有些驚訝。雖然這個書寫個人經驗的提案，聽起來很吸引人，但是我仍懷疑會有讀者對此感興趣？然而，如果他是受到了什麼誤導，認為這樣的內容值得出版，那麼我也樂意把它寫出來。於是，我們向前邁進了一步。我感謝愛德華和蘇珊，不僅是因為他們相信這個提案可行，而且還幫助我形塑了這本書的願景，並在書寫的過程中給了我很多出色的指導。還有我的妻子兼

「社內編輯」唐娜（Donna Scott），她的意見和他們的建議一樣敏銳，讓人受益匪淺。

我也感謝我的朋友和同事，就本書的物理專業部分給了我很好的意見。理論物理學是門優美而困難的學科，並由胸懷激情的人投身其中。若不是擁有這份激情，就很難聚集必要的耐心和毅力來取得進展。因此，感謝Todd Brun、Daniel Kennefick、Don Page、Sanford Perliss、Erhard Seiler、Kip Thorne和Neil Turok，願意在他們戮力追求新發現的過程中，為這本書挪出他們寶貴的時間。我同樣也感謝那些閱讀手稿並就此提出建議的人：Rob Berg、Catherine Bradshaw、Judith Croasdel、Casiana Ionita、Nathan L. King、Cecila Milan、Alexei Mlodinow、Nicolai Mlodinow、Stanley Oropesa、Beth Rashbaum、Fred Rose、Julie Sayres、Peggy Boulos Smith、Martin J. Smith、Andrew Weber和Mariana Zahar。最重要的是，對於史蒂芬·霍金選擇與我一起合作，以及我們在相識與相交的歲月中所分享的熱情和友誼，我的內心無限感恩。他的辭世，在他所有朋友的生活裡都留下了一個黑洞。

國家圖書館出版品預行編目資料

時空行者 史蒂芬・霍金：從漸凍人到當代最偉大物理學家，他的工作、生活、愛情、友情，與思考演進的側寫 / 雷納・曼羅迪諾（Leonard Mlodinow）著；蔡坤憲譯. -- 初版. -- 臺北市：大塊文化, 2020.10

312面；14.8×21公分. --（from；134）

譯自：Stephen Hawking : a memoir of friendship and physics

ISBN 978-986-5549-13-8（平裝）

1. 霍金(Hawking, Stephen, 1942-2018)　2.傳記　3.物理學

781.08　　109013596